世界のための日本のこころ

その源流を探り未来を共創する

自ら学ぶための15の視点

世界のための
日本のこころセンター編

かまくら春秋社

まえがき

　世界では、米中等覇権大国の対立、中東・アフリカ、中南米における紛争、ヨーロッパでの民族対立の拡大、各国内での社会や政治の分断、世界中（日本を含む）での格差の拡大など、とくに最近、分断と対立がすすみ、人々のこころには不安が増しています。

　これからの人類社会には、このような不安を乗り越える希望のビジョンが必要ですが、世界を見わたしてみる時、そのヒントは「日本のこころ」の中にあるのではないでしょうか。

　新型コロナウイルスの世界レベルでの感染拡大は、私たちのこれまでの日常生活を一変させました。さらに急速に進化するＡＩなど技術の高度化によって、これまでの大部分の仕事が劇的に効率化され、ブレークスルーが起きる一方、人間の在り方に変容を迫る多くの課題が発生しています。

　変転極まりない世界や社会の情勢の中で、私たちはこれからいったいどこへ向かおうとするのでしょうか——。

　こうした文明の転換点にあって、人類が向かうべき道を見定めるには、現在のことだけでなく、過去からの学びをも深め、未来への飛躍を支えるしっかりとした思考の土台を作ることが必要です。それには、専門的な知識や論理を学ぶだけではなく、人間のあり方を広汎に学ぶ「リベラルアーツ」の修得が不可欠です。

リベラルアーツには、目前の有用性という束縛から離れ、人間精神を解放し、精神の自由を重んじることによって物事の本質を探究し、見極めるという意味があります。ひとつの専門分野を狭く深く探求するのとは異なり、幅広い智を学ぶことにより、多面的な視点、大局観を身に着けることができ、また過去から現在までの過程に学ぶことで人間と社会に対する洞察力が養われます。その意味で、次世代のリーダーにとって必要不可欠の学びといえます。

人類が危機に直面している今、欧米など世界の若者は、古代ギリシャ・ローマにルーツを持つ過去の祖先の歩みを振り返る学びを深めています。一方で日本においても、これに匹敵するような、先人たちが練り上げてきた、時代を超えて私たちの将来への生き方の土台となる、こころの文化や智恵が遺されています。そしてそれは、私たちがこれからの世界に大きく貢献できる価値と普遍性を有していると思います。これを私たちは「日本型リベラルアーツ」と名付けました。

「日本型リベラルアーツ」とは、

①全ての学問のベースとして、早くから学ぶべきもの（大学だけでなく、初中等教育段階から）

②リーダーを役割と考え、全ての人が学ぶべきもの

③「日本のこころ」の源流に立ち、世界に価値をもたらすもの

日本人が国際社会で活躍する上で、相手の国を知ることはもちろん、もっと日本のことを知るべきであるという海外からの声は少なくありません。

今、世界では多様性が重視されています。その理由のひとつは、多様性が世界中で起こっている様々な社会課題の解決やイノベーション、さらには持続可能性を生み出す源泉となるからです。国や地域の多様性は、その根幹を形成します。多様性を作り出すことは、それぞれの国や地域の人々の責務ともいうべきものでしょう。これは自国ファーストの考え方とはまったく異なります。本書が少しでも、世界に価値をもたらす「日本のこころ」の源流を探る、学び合いの旅の一助になることができれば、と考える次第です。

「日本のこころ」については、どの面を見るかによりますが、過去、現在を通して、良い点も悪い点もあるのは事実です。この本が、日本に拘り、良い面を強調しすぎていると感じる方がおられたら、是非我慢して読み通していただきたいと考えます。要所要所で悪い面への言及も織り込んでいます。日本という狭い概念を離れて地球人として生きていこうとされている方も多いと思いますが、一方では「地球人」であるという意識の根っこに「日本」を持つ感覚が素晴らしいものだということにも、気づいていただけるかもしれません。

目次を見ると、話題がばらばらで統一感がないように思われるかもしれません。全体をひとつのストーリーとして理解するというより、気になる個所を読んで、そこから何かの気付きを得ていただけたらとも考えます。それでも、一応構成は以下のようなものになっているとご理解ください。

最初のⅠ章で、「日本のこころ」について、海外からの視点の中に、今日でも世界が期待する良い点が数多くあることを知ります。

ⅡからⅣまでの各章では、その良い点の源流に何があるのか?

独特の風土と恵まれた自然環境の中で、長い古代文明（縄文期）を経て育まれた豊かな精神文化があったこと、それが世界に偏在するアニミズムの要素をもつ古神道となり、その上に仏教や儒学のエッセンスが習合し（取り入れられ）、自然観と美意識を柱とする「日本のこころ」が形成されてきた歴史を垣間見ます。

その後の各章では、そのような「日本のこころ」が、現実の社会の各側面にどのように姿を顕わし、残されてきたのか?

日本人の日常の生活の上で、文学や芸術などに花開いた日本文化を支えるものとして、過去からの政治や経済・産業の発展との関係において、どのように働き、今日まで進化して来たのかについて、人物や事例に即して見ていきます。

そして、全体を通じて、「日本のこころ」が、より良い個人の生き方に如何に大切なものであるのか、世界の危機に果たす役割がどの程度大きいものなのか、どのように地球環境の保全に貢献できるものなのか、世界の思想・宗教・人種等の諸対立を包摂し、破壊ではなく共栄の方向に導く役割をはたしうるのか、等々について、学びを進める上でのひとつの見方として、紹介しています。

世界のための日本のこころ

その源流を探り未来を共創する

〜自ら学ぶための15の視点〜

装丁／中村　聡

目次

まえがき……1

I章　世界が期待する「日本のこころ」とは……15
海外から見た「日本のこころ」（1）――戦国から幕末、昭和前期まで／海外から見た「日本のこころ」（2）――国際協力に努力した戦後日本人の事例から／最近の国際協力の場で活躍した日本人

II章　「日本のこころ」を育んだ源流に何があるか
――神・仏・儒の習合、Zｅｎ、和漢洋の思想について……39
「日本のこころ」の源流にあるもの／日本の生活文化の背景には禅のこころがある／東洋思想と西洋思想の交流

Ⅲ章　地球環境の保全・人類の共生を支える「日本のこころ」
——日本的霊性と古神道について……57
地球環境の危機と「日本のこころ」／生命科学の進展と「日本のこころ」／ジェンダー問題と「日本のこころ」／先住民族の智恵と「日本のこころ」／「日本のこころ」の基調にある神道的霊性／明治以降も生きた古神道の流れ

Ⅳ章　政治思想と社会倫理の本にある「日本のこころ」
——孔孟思想と陽明学等日本の儒教について……69
「日本のこころ」を支える儒教／朱子学・孔孟思想（古学）・陽明学と日本の儒教

Ⅴ章　日常の生活習慣がつくり上げる「日本のこころ」
——マンガ・アニメ・働き方・年中行事・礼・和食・女性活躍……83
世界が注目するマンガ・アニメの「日本のこころ」／労働・生活の位置づけと働き方改革／日本の年中行事／掃除・片付けの文化、礼儀の文化（形から入ってこころを整える）／和食と「日本のこころ」／日本文化の「ますらおぶり」と「たおやめぶり」／日本がめざす女性活躍社会のあり方

Ⅵ章　真のサムライとは？　剣道・弓道・合気道に見る武士道のこころ……99
武士道とは何か／剣と禅／弓道と禅

Ⅶ章　明治維新の立役者の生きざまを支えたもの
――西郷隆盛・勝海舟・山岡鉄舟……123
世界史的意味を有する流血を極力抑えた明治維新の一断面／西郷隆盛、勝海舟、山岡鉄舟の生い立ちとこころの形成

Ⅷ章　和の政治・日本国のかたちを決めた聖徳太子の十七条の憲法……147
縄文時代は「日本のこころ」の原点、日本人のこころのふるさと／十七条の憲法の制定／日本のこころの宗教に対する寛容さ／武家政治の台頭と徳川時代から、明治を経て今日につながる和の政治

Ⅸ章　和の文化・日本文化のこころ
――文学、美術、茶道、芸能、匠の技等から「日本のこころ」を探る……161
日本文化を内面から支える「日本のこころ」の特徴／ジャンルごとにみる日本文化のこころ

Ⅹ章　明治から昭和への多様な流れ
——今日につながる実学・平等・人権・平和への思想……181
新しい国家像の模索／自由民権運動と民撰議院設立に至る流れ／人種差別撤廃に向けた努力／人道的な救助活動／官僚主義に対抗した人たち／抑圧された植民地解放のために戦った人たち／戦後の日本を勇気づけたジャヤワルダナ大統領／パール判事の戦後日本への思いと下中弥三郎

Ⅺ章　世界に貢献する日本型産業の精神の源
——公益資本主義の世界展開、石田梅岩、渋沢栄一……207
日本型資本主義の精神の源／株主資本主義のグローバルな見直し／人新世の経済は成長と決別すべきか／石田梅岩／渋沢栄一

Ⅻ章　グローバル時代における日本語の大切さ……233
大和言葉とその後の国語(日本語)の成立／日本語の特徴／日本語と世界語(英語)／国語(母語)の危機

XIII章　世界に求められる日本型リベラルアーツ……255
世界の教育におけるリベラルアーツの動向／東洋型（日本型）リベラルアーツに向けて／今後の展望／日本型リベラルアーツの推進を

XIV章　人工知能（AI）の時代と人間力……271
人工知能（AI）は人間を超えられない／ロゴスだけの国は亡びる／頭頂葉に情緒の素を育てる／人工知能（AI）と「日本のこころ」

XV章　これからの世界・社会に立ち向かう日本の夢（ビジョン）……285
「日本のこころ」の源流の再確認とその世界に果たす役割

執筆者紹介……295

Ⅰ章　世界が期待する「日本のこころ」とは

〈視点〉

いま世界の中で日本という国のイメージ（カントリーブランド）は大変高まっています。大震災の被災地での冷静で秩序だった行動、国際競技会場での日本人サポーターによる試合後のゴミ拾い等々、日本人の行動が世界中で好意を持って受け取られています。コロナ後の世界は「日本のこころ」に何かを期待しているように感じますが、「日本のこころ」とは、一体どのようなものでしょうか。あなたならどう考えますか？

「日本のこころ」は、独特の風土で培われた自然観と、それを支える日本的霊性（古神道がベースになっている霊性）、さらには、仏教や儒教等の東洋文化の要素が習合して、長い歴史を経て形成されてきたもので、これに明治以降の洋学の視点も加わり、今日の日本人の生活観、社会観、世界観を支えるものとして、その人格の基礎を形成しています。

戦いの少ない古代を経て、律令国家の基となる十七条の憲法を定めた聖徳太子は「和」の精神を基本とし、神・仏・儒を習合し、菅原道真は「和魂漢才」と和魂を中心に据えて渡来文化を融合し、そして本居宣長、吉田松陰においては「やまとごころ（大和魂）」の再確認を行って、日本人は千年を超えて「日本のこころ」を練り上げて育んできました。

その蓄積の上に、国運は幕末から明治維新への展開となり、近代化の成功国家として世界史的な役割を果たすに至りました。

明治の時代は、「和魂洋才」の言葉通り、日本のこころを「魂」としつつ、近代化のために西洋の知識や才能を導入し、大きな自己変革と国家的な発展の基盤を形成することが出来ました。しかしその日本でも、教育の現場や社会、家庭に残る伝統的な価値観の継承が、世代を経て次第に薄れて行く一方、覇権を争う二十世紀の厳しい世界情勢の中で、「洋才」としての知識や技術の力への傾斜が強まり、国としての発展方向が、「日本のこころ（和魂）」の発露としての（いわゆる）王道から逸れ、昭和の時代には覇道に傾いて、周囲の国々に多大な人的物的損害を与え、世界と戦う結果となって、未曾有の敗戦の憂き目を見るに至りました。

敗戦後の歴史は、奮起した国民の努力もあり、また東西対立の中での環境も作用し、再び世界の先進国としての経済的発展をみることが出来ました。しかし、日本のこころを育む教育は崩壊し、社会環境も変化して、世代間の価値の継承は途切れ、次代を担うことになる若い世代は日本のこころを見失って、真の自信を喪失しているように見えます。

冒頭に記したように、「日本のこころ」は、長い歴史を経て練り上げられ、明治維新という世界史的快挙を成し遂げ、今日の発展の原動力になって来たものです。世界から評価され、世界人類に大きな貢献を果たすことが期待されていることも、また事実です。まずは日本の外（世界）からの視点が、私たちに気づきの機会を与え、「日本のこころ」を再確認する出発点となるのではないかと考え、以下のような事例を紹介してみたいと思います。

◆海外から見た「日本のこころ」（1）
——戦国から幕末、昭和前期まで

最初に、外国人たちの目に写った日本人の姿については、戦国時代の宣教師たちの記録、幕末に日本を視察した外国人旅行者たちの記録、明治以降、昭和の戦争に至る時代に日本を評価した外国人たちの記録等があります。外からの日本観察記は、歴史上色々ありますが、まずは次の事例を出発点として、「日本のこころ」のありかについて考えてみましょう。

戦国時代の日本人についての宣教師たちの見方

十六世紀の戦国時代、ヨーロッパの宣教師たちは日本に渡来し、多くの日本人の観察記録を残しています。なかでもフランシスコ・ザビエルは日本人の精神性の高さと教育水準の高さを賞賛し、ルイス・フロイスは「宣教師たちが食べ物を手でつかんでいるのに、日本人は子どもの時から二本の棒（箸）を使う」と驚嘆し、イエズス会でアフリカ、インド、マレー、中国、日本までの広汎な地域をカバーする巡察師であったヴァリニャーノは、日本人の礼儀作法を高く評価して、日本の四人の少年による天正遣欧使節団を派遣しました。四人は、一年八ヶ月をヨーロッパ各地で滞在し、ローマ教皇グレゴリウス十三世の格別の歓迎が端緒となって、訪問する各都市で高貴な少年たちの立ち居振る舞いが高く評価され、センセーションを巻き起こしたといいます。

幕末の日本人のこころを訪日外国人はどう見たか?

渡辺京二著『逝きし世の面影』には、多くの観察者の証言があります。感心したのは、景観の美しさだけではなく、子どもたちの自由な振る舞い、女たちの屈託のない素振りと姿、日用雑器やおもちゃや土産物の細工の素晴らしさにも、多くの外国人が目を見張りました。

『デイリー・テレグラフ』の主筆エドウィン・アーノルドは、「日本の最も貧しい家庭でさえ、醜いものは皆無だ。お櫃《ひつ》から簪《かんざし》にいたるまで、すべての家庭用品や個人用品は、多かれ少なかれ美しく、うつりがよい」と述べました。

フランス海軍の兵卒として一八六六（慶応二）年に来日したスエンソンは、日本の家が「いつも戸をあけっぱなしにしている」ことにびっくりし、女性たちがあけっぴろげであることとともに、その開放感がいったいどこからくるのかを考えこみました。イギリス公使館の書記官だったミットフォードは、そうした日本を「おとぎの国」「妖精の国」とよぶしかないとしています。スイスの遣日使節団代表だったアンベールは、日本が何百年にもわたって、質素でありながら常に生活の魅力を満喫していることに驚くとともに感銘をうけています。ルドルフ・リンダウの『スイス領事の見た幕末日本』には、「何もすることもなく、何もしていない人々は、日本では数多い。かれらは火鉢のまわりにうずくまって、お茶を飲み、小さなキセルを吸い、満足な表情で話をしたり、聞いたりしている。そこには日本人のやさしい気質と丁寧な人づきあいとがあらわれている」とあります。

熊本に入って徳富蘇峰らに影響をあたえた英語教師のリロイ・ジェーンズは、日本では乞食でさえ節度あるふるまいをしていると驚きました。大森貝塚の発見でも知られるエドワード・モースは、いつもそこいらに置きっ放しにしていた自分の持ち物や小銭が一度も盗まれなかったことを書いています。理科教師として福井藩に招かれたウィリアム・グリフィスは、日本人は遊び好きで、「この二世紀半の間、この国の主な仕事は遊びだったといってよい」といっています。（渡辺京二『逝きし世の面影』より）

自由民権運動の宮崎兄弟と孫文、黄興《こうこう》

一九一一（明治四十四）年、清から中華民国へと姿を変えた中国での辛亥革命には、日本の明治維新の影響がありました。日本人の中にもこの革命を支援した人が少なからずいました。なかでも宮崎滔天《みやざきとうてん》は中国革命の父といわれる孫文と深く交わり、その革命運動を支援しました。滔天には社会運動家の三人の兄（八郎、民蔵、弥蔵）がいました。滔天の事跡を振り返る時、兄から

弟たちへと引き継がれた自由民権思想が結実し、結果的に辛亥革命の成就に結びつく活動につながっていきました。

滔天が孫文と出会ったのは一八九七（明治三十）年。孫文の思想に強く共感した滔天は孫文の中国革命を支援していきますが、革命成就の道のりは険しいものでした。

一九〇〇（明治三十三）年に孫文らが計画した中国・広東省での恵州蜂起は、滔天が責任者となっていた武器の調達に絡んで仲間の背信行為が発覚。これが原因で蜂起は失敗に終わりましたが、滔天も同志内から背信の嫌疑をかけられるなど失意のうちに一時革命運動から身を引きました。

滔天が孫文と出会って熱烈な支持者となり、中国革命支援のため東奔西走した波乱万丈の半生を綴った『三十三年之夢』が日本で刊行された翌年の一九〇三（明治三十六）年、上海で二種類の漢訳本が刊行されました。この本によって当時、一部でしか知られていなかった革命家・孫文が中国国内や留学生に広く知られるようになり、さらに滔天の名も広く知られるようになりました。これがきっかけで、増えつつあった中国からの留学生が、滔天の家を訪れるようになりました。その中の一人に辛亥革命の指導者・黄興がいます。明治維新は欧米の植民地支配に苦しむアジア諸国の覚醒を促しました。

孫文は後に「明治維新は中国革命の第一歩であり、中国革命は明治維新の第二歩である」と語り、黄興は、終生にわたって明治維新最大の功労者である西郷隆盛の人格と思想に傾倒し、中国の西郷を自認しました。

（参考文献：広報あらお二〇一一・一〇・一 特集「百年の夢、その先へ」荒尾市、孫文著・深町英夫編訳『孫文革命文集』岩波書店、宮崎滔天著・島田虔次・近藤秀樹校注『三十三年の夢』岩波書店）

訪日したアインシュタインの見方

世界的な科学者アルバート・アインシュタインは、ラフカディオ・ハーンの本を読み、かねて関心を寄せていた日本を一九二二（大正十一）年十一月から約一ヶ月半にわたり訪問しました。日本各地で講演を続けましたが、京都での講演後、京都御所を訪問した際に、即位の間に約四十人の中国の政治家の肖像画が掲げられていたことに注目し、それについての質問に「中国から実のある文化を日本にもたらしたことが評価されたためである」との説明を受けました。以下、アインシュタインが日本を訪問した時の記録（『アインシュタイン日本で相対論を語る』講談社）よりその発言を引用してみましょう。

「外国の学者に対するこの尊敬の念は、今日もなお、日本人のなかにある。ドイツで学んだ多くの日本人の、ドイツ人学者への尊敬には胸を打たれる。さらには細菌学者コッホを記念するために、一つ寺が建立されなければならないようだ」

「嫌味もなく、また疑い深くもなく、人を真剣に高く評価する態度が日本人の特色である。彼ら以外にこれほど純粋な人間の心をもつ人はどこにもいない。この国を愛し、尊敬すべきである」

日本滞在中、講演と観光の合間を縫って、アインシュタインは多くの日本人と会いました。長岡半太郎や北里柴三郎ら日本を代表する科学者、学生、ジャーナリスト、そして一般家庭の訪問まで。そして「微笑みの背後に隠されている感情」が何かに気がついて次のように述べています。

「我がドイツでは、教育というものはすべて、個人間の生存競争が至極とうぜんのことと思う方向にみごとに向けられています。とくに都会では、すさまじい個人主義、向こう見ずな競争、獲得しうる多くのぜいたくや喜びをつかみとるための熾烈な闘いがあるのです。日本には、われわれの国よりも、人と人とがもっと容易に親しくなれるひとつの理由があります。それは、みずからの感情や憎悪をあらわにしないで、どんな状況下でも落ち着いて、ことをそのままに保とうとするといった日本特有の伝統があるのです。ですから、性格上おたがいに合わないような人たちであっても、一つ屋根の下に住んでも、厄介な軋轢や争いにならないで同居していることができるのです。この点で、ヨーロッパ人がひじょうに不思議に思っていた日本人の微笑みの深い意味が私には見えました」

アルバート・アインシュタイン

「個人の表情を抑えてしまうこのやり方が、心の内にある個人みずからを抑えてしまうことになるのでしょうか？　私にはそうは思えません。この伝統が発達してきたのは、この国の人に特有のやさしさや、ヨーロッパ人よりもずっと優っていると思われる、同情心の強さゆえでありましょう」

「この国に由来するすべてのものは、愛らしく、朗らかであり、自然を通じてあたえられたものと密接に結びついています。かわいらしいのは、小さな緑の島々や、丘陵の景色、樹木、入念に分けられた小さな一区画、そしてもっとも入念に耕された田畑、とくにそのそばに建っている小さな家屋、そして最後に日本人みずからの言葉、その動作、その衣服、そして人びとが使用しているあらゆる家具等々。……どの小さな個々の物にも、そこには意味と役割とがあります。そのうえ、礼儀正しい人びとの絵のように美しい笑顔、お辞儀、座っている姿にはただただ驚くばかりです。しかし、真似することはきません」

アインシュタインはこう警告しています。

「西洋と出会う以前に日本人が本来もっている、生活の芸術化、個人に必要な謙虚さと質素さ、日本人の純粋で静かな心、それらのすべてを純粋に保って忘れずにいて欲しいものです」

科学技術の進展から、人類は核兵器を持ち、地球環境を危機に陥れてしまいました。アインシュタインが賛嘆した人間同士の和、自然との和を大切にする日本人の伝統的な生き方は、いまや全世界が必要としているものかも知れません。

ポール・クローデルと日本

ポール・クローデルは戦前、駐日フランス大使を務めた外交官（一九二一～一九二七年）で、有名な劇作家・詩人でもあり、ロマン・ロランとは同級生でした。

ジャポニズムに心酔した姉・カミーユにより、子どもの頃から日本の芸術に触れ、深く惹かれ、日本に魅せられたクローデルは、憧れの日本に行くため最も早く確かな方法は外交官になることだと確信しその道を選びました。清国に駐在した頃は、度々日本を訪れ、その後一九二一（大正十）年～一九二七（昭和二）年にかけて駐日フランス大使を務めました。来日して九ヶ月たった一九二二（大正十一）年八月に日光で講演した際、次のような日本人観を語っています。

「私にとって日本人特有の態度と思われますのは、……それは知性では理解できない崇高なものにたいする畏敬の念であり、尊敬の念であり、その素直な受け入れであり、眼前の神秘にたいして魂全体がとる宗教的な態度といえるものです。日本が神々の地と呼ばれてきたのも理由のないものではありません。この伝統的な定義は、今でもなお、皆さんの国について与えられたもっとも正しい、もっとも意味深い定義だと思われるのです」

さら第二次世界大戦中の一九四三（昭和十八）年、パリのある夜会にて、クローデルは日本人について次のように語ったとされます。

「私が決して粉砕されることのないようにと願う一つの民族がある。それは日本民族だ。あれほど興味のある太古からの文明は消滅してはならない。あの驚くべき発展が日本以上に当然である民族はない。日本人は貧乏だが、しかし高貴だ。人口があれほど多いのに」

当時、日本はドイツと同盟を結び、彼らから見れば日本は敵国でした。しかしクローデルはどうしても滅ぼしたくない国と語ったのです。

（参考文献：中條忍著『ポール・クローデルの日本』法政大学出版局）

台湾における日本人

親日感情が高いと言われている台湾では、かつて台湾のために生きた日本人が数多くいます。その中から二人の日本人を紹介したいと思います。

◆八田與一《はったよいち》　土木技師

一八八六（明治十九）年石川県生まれ、東大土木工学科卒業後、台湾総督府内務局土木課に技手として就職し、台湾で不毛の大地と呼ばれた嘉南《かなん》平原に、堰堤長一二七三ｍという当時は東洋一の規模である「烏山頭《うさんとう》ダム」と、総延長一万六〇〇〇㎞におよぶ給排水路を完成させました。

その成果によって嘉南平原は台湾一の穀倉地帯となり、台湾ではこのダムと合わせて「嘉南大《かなんたい》圳《しゅう》の父」として、現在でも台湾で多くの人々に慕われ続けています。一九四二（昭和十七）年、乗船していた大洋丸がアメリカ潜水艦の雷撃により沈没し殉職しました。敗戦後の一九四五（昭和二十）年、妻の外代樹《とよき》も夫の後を追うように烏山頭ダムの放水口に投身自殺しました。

◆森川清治郎《もりかわせいじろう》　警察官

一八六一（文久元）年横浜生まれ、日本で警察官をしていましたが、渡台し現在の嘉義《かぎ》県副瀬村の派出所勤務となりました。村の治安を守るだけでなく、寺子屋を開き、住民に読み書きを教え、また衛生管理や農業指導などにも熱心でした。

一九〇一（明治三十四）年、台湾総督府が漁業税を新たに制定し、漁業中心の貧しい暮らしをしていた副瀬村は立ち行かなくなり、税の軽減を森川へ嘆願。これを聞いた森川は村民の意向を聞き入れ、支庁へ赴き軽減を求めましたが、支庁長は、警官でありながら、村民を扇動したと曲解。森川を戒告処分にし、徴税を重ねて命じました。この件がきっかけとなり、森川は自決します。

森川の死後、「義愛公《ぎあいこう》」の尊称で神様として祀られ、土地神として今も祀られているということです。

◆海外から見た「日本のこころ」(2)
――国際協力に努力した戦後日本人の事例から

穂積五一《ほづみごいち》とアジア・アフリカの留学生たち――「ホヅミ・スピリット」の真髄

穂積五一（一九〇二〜一九八一）は、アジア学生文化協会及び海外技術者研修協会の初代理事長で、戦後アジアからの留学生を支援し、彼らからアジア留学生の父と慕われ、今でもそのまごころが「ホヅミ・スピリット」として語り継がれている日本人です。

一九七四（昭和四十九）年、急激な日本の経済進出に反発してタイやインドネシアで起きた学生中心の反日運動は、東南アジアを訪問した当時の田中角栄総理に衝撃を与え、日本の各界が対策に追われる事態となりました。その解決に官民の要請を受けて乗り出したのが穂積五一でした。

戦後、日本の産業はアジアで反日の嵐を経験しました。その中心には元日本留学生たちがいて、彼らは自己利益優先の日本の経済進出に反発し、日本の経済協力も拒絶しました。日本政府は困って穂積五一を担ぎ出し、元留学生たちとひざ詰めで話し合ってもらったのです。そこでわかったのが彼らの本音で、学生たちの反日の主張は、「日本はタイのためと言いながら、経済進出の実態を見るとその本心は自国の発展だけではないか」「日本の経済協力もこのままでは受けられない」

というものでした。「経済協力は、南のためと日本人はいふが、それは日本の利益のためである。援助した日本は富み、それを受けた南は貧しいままである」というのが彼らの主張だと穂積は語りました。（『遺稿 内観録』より）

戦後の一部日本人のこころの浅さを見透かされたと感じた穂積は、タイ側の若者やリーダー（元大蔵大臣のソンマイ氏ら）と会談を重ね、また日本の官民に働きかけて、タイ人による主体的な発展努力を無償で支援する日本側の支援体制を構築することになります。

具体的には、タイ側が泰日経済技術振興協会（ＴＰＡ）を創設するに際し、日本側官民は日・タイ経済協力協会を創設して、見返りを一切求めずにタイの会館の建設を支援することとしました。同協会の理事長には、両国の関係者の強い要請があって穂積が就任しました。

穂積五一

そこで打ち出された穂積の方針が、「ホヅミ・スピリット」としてタイへの産業人材育成支援の基本原則となり、タイ側から（アジア全体からも）高く賞賛されるものとなったのです。

支援のあり方等は、相手国民の主体性を常に尊重する。金は出しても口は出さない。タイのためと言いながら、自らを利することが主目的になっていないか常に反省する。

この考えは今日まで貫かれており、その証左として泰日工業大学（ＴＮＩ）の校庭にはソンマイ氏と並んで穂積五一の銅像が設置されています。

この穂積の考えの基本には、坐禅体験から得られた利他のこころがありました。日本人でありながら「日本人を離れる」利他のこころ、相手の立場に立って真摯に向き合う無我のこころ、それが直観的に世界の人に理解されたのだと思います。

このことは、穂積が、『遺稿 内観録』の中で次のような張学良と渋沢栄一のエピソードを述べていることからも理解できるのではないでしょうか。

◆張学良と渋沢栄一の逸話

昭和四、五年の満州建国以前のこと、張作霖の爆死事件（昭和三年）のあと日本を不倶戴天の敵としていた張学良が、一夜こともあろうか日本人である渋沢栄一の令息正雄氏を自宅に招いて歓待したことがあります。その理由を張学良は概略次のように説明したといいます。「自分は若いころから日本に留学したりして多くの日本人の指導を受けた。これらの人は腹の底のどこかに必ず日本というものが潜んでいて、直接間接に日本のためにということを忘れた人は一人もなかった。ただ一人の例外が、渋沢栄一翁であった。翁は日本という立場を離れて、いつも純粋に私の立場に立って判断し、人間として私の進むべき道を示しておられた。このお礼をしたいと思いながら、ついにその機会を失っているうちに、貴方が満州にこられると聞いたのでお招きした次第である」

今では、日本とアジア・アフリカとの間は、経済的にも相互に発展をめざすウィンウィンの関係にありますが、日本側の官民の間で、相手国の人たちに記憶されている穂積五一の精神が十分継承されているでしょうか、次第に記憶から消えてしまう恐れはないのでしょうか。

◆パイシット・ピパタナクン氏（東大法学部卒・元タイ国上院議員、国会下院事務総長）からのコメント

「戦後驚異的な復興を遂げた日本からの輸出攻勢により、タイには日本製品が溢れ、貿易不均衡や地場産業不振などの経済問題が深刻化しました。若者を中心に反日感情が高まる中『日本人の本当の心を理解してもらう必要がある』と穂積先生は考え、人間同士の交流の場としての泰日経済技術振興協会（ＴＰＡ）設立に尽力されました。支援に際して穂積先生は『カネは出すが口は出さない』という方針を貫かれました。相手を信じ抜き、その思いにこたえるべく必要な援助は惜しまないというその姿勢が、ＴＰＡだけでなくその後の日タイ関係の発展に大きく貢献したことを、私たちは忘れてはならないと思います」

◆スポン・チャユサハキット氏（東大工学部〈電気〉卒・バンコク高速道路社長、バンコクメトロ社副会長、ＴＰＡ会長を経て泰日工業大学〈ＴＮＩ〉理事長）からのコメント

「穂積先生は、当時通産省の『日タイ協力事業』の調査・相談で二回訪タイされています。その事業の（タイ側機関・ＴＰＡ）会長の話も、数人の著名な日本人やタイ人が推薦されましたが、どうも穂積先生はあまり賛成しなかったようです。そして最後の最後にソムマイさん（タイ産業金融公社総裁、元大蔵大臣・慶應義塾大学出身）の名前が出てきたわけです。しかしソムマイさんが大蔵副大臣に任命されたため、初代会長はソムマイさんに代わりワーリーさん（タイ産業金融公社総裁・東京商科大学出身）が就任しました。先生は東京で、僕だけでなく研修生たちにも『日本で勉強して国に帰ったら頑張って、日本に負けないように発展してください』と。南北問題が解決しないと世界が安定しない。こういう背景まで深く考え『皆さんが頑張って国がレベルアップすれば経済も発展し、全世界が早く平和になる』と。なるほど先生の言うことはものすごく意味が深いなあと思いました」

スポン・チャユサハキット

プラユーン・シオワッタナ氏（大阪大学大学院修士課程〈電気〉修了・タイ国立科学技術開発機構〈NSTDA〉副所長、TPAでは事務局長、専務理事を経て会長、泰日工業大学〈TNI〉創設に参画、タイ国立計量研究所所長・現顧問）のコメント

「私と穂積先生との出会いは、一九七四（昭和四十九）年、大阪大学の修士課程を終えて研修を行うために、東京に宿泊した時です。ある日、アジア学生文化会館の玄関で新聞を読んでいたところ、穂積先生が通りかかり、先生に挨拶すると私のことをいろいろと尋ねられました。そして、私が近いうちにタイに帰るとお分かりになると、大卒間もない私に泰日経済技術振興協会（TPA）の設立にかかわる政治経済的背景とその目的を、時間をかけて丁寧に説明してくださいました。そして協力の大原則は〝お金は出すが、口は出さない〟つまり『タイ側の自主性を尊重することだ』と話しました。最後に先生から『タイに戻ったらぜひこの泰日経済技術振興協会という場を利用して、タイ社会に大いに貢献してほしい』と勧めていただきました」

海外からの技術研修生から見た視点

吉原秀男氏（泰日工業大学〈TNI〉学長顧問）のコメント

「約五十年前に穂積理事長の下、AOTS（海外技術者研修協会・現海外産業人材育成協会）で働き、以来開発途上国への技術協力、人材育成に携わってきた。私が付き合ってきた技術者や経営管理者など世界各国のODA体験者は日本のやり方を高く評価している。戦後の海外からの技術研修生は延べ四十万人、世界四十三ヶ国に七十二の同窓会がある。タイを例にとると十万人の日本人が常時働いており、日本の礼儀作法、5S、カイゼン、おもてなし、三方良しなどのビジネス習慣は高評価を得ている。

TNIでは、タイの元日本留学経験者たちが中心となり、日本企業文化習得などを含めた日本のものづくり教育を実施しているが、その中心にある大学の倫理・価値概念として、KM HR HoP、すなわちK＝カイゼン、M＝ものづくり、H＝ハンセイ（反省）、R＝リスペクト（自他の尊重）、Ho＝オネスト（正直）、P＝公益意識（パブリック・インタレスト・コンシャス）の六項目を中核的価値（コアバリュー）として、学生を指導している」

◆最近の国際協力の場で活躍した日本人

戦後の日本人は、一時期エコノミック・アニマルとまで言われて海外から批判された時期もあり、世界では今でも戦争の時代のイメージもあって、必ずしも良い評価ばかりではないのですが、それでも「日本のこころ」を発揮して国際貢献の場で献身的な活動を行い、高く評価され、長く記憶されている人たちがいます。数例ご紹介したいと思います。

緒方貞子《おがたさだこ》　日本人初の国連難民高等弁務官

緒方貞子元国際協力機構（ＪＩＣＡ）理事長は、日本を代表する世界で活躍した開発協力の分野の第一人者でした。緒方元理事長は、ＪＩＣＡ理事長や国連難民高等弁務官（UN High

Commissioner for Refugees）を歴任し、難民問題や貧困、紛争の解決といった世界の課題に立ち向かう第一線において、卓越したリーダーシップを発揮しました。

また、開発の現場で一人ひとりの人間に着目する「人間の安全保障」の理念を早くから提唱し、積極的に現場に足を運ぶ「現場主義」を徹底しました。二〇〇二（平成十四）年には東京で開催されたアフガニスタン復興支援国際会議の共同議長を務められるなど、世界の平和や安定、発展に対し、長年にわたり多大な貢献をされました。二〇一五（平成二十七）年に国連で採択された「持続可能な開発目標（ＳＤＧｓ）」でも、緒方元理事長はじめ日本が長年にわたって推進してきた「人間の安全保障」の理念が反映されています。

それは日本が開発の現場で大切にしてきた「誰一人取り残さない」社会の実現のため、人間一人ひとりに着目し、人々が恐怖や欠乏から免れ、尊厳を持って生きることができるよう、個人の能力強化を通じて国・社会づくりを進めるという考え方であり、この考え方は日本が世界を牽引しています。

アントニオ・グテーレス国連事務総長は、「サダコ・オガタは世界中の人々にとって人道主義の手本だ」また「サダコ・オガタは原則と思いやりと効率性という難民支援の基準をうち立て、みずからの信念に基づく行動をとることにひるまなかった。初の女性の高等弁務官として女性への暴力への対応だけでなく、女性を社会に参加させることに光を当てた先駆者だった。彼女の貢献は『人間の安全保障』という考え方を具体化する上で退任後も長く続いた」と述べています。
緒方貞子はカトリック教徒ですが、曽祖父犬養毅（命名者）の影響や、義父緒方竹虎の祖父が緒方洪庵（蘭学）の義兄弟であったこと等々を考えると、人格や教養の面で「日本のこころ」の先祖からの価値観の継承もあったのではないかと思います。

中村哲《なかむらてつ》 アフガニスタン・ペシャワール会現地代表兼平和医療団・日本総院長

中村哲医師が、二〇一九（令和元）年十二月四日にアフガニスタン東部における銃撃事件で逝去されました。中村医師は、長年にわたり、アフガニスタン国民や難民のために医療活動や灌漑事業を通じた農村復興活動に取り組まれ、多くのアフガニスタンの方々の生活の改善に尽力してきました。中村医師がいかに現地で敬愛されていたかは、アフガニスタン政府主催の追悼式典においてガニ大統領自ら棺を担いだことや、中村医師の追悼集会が世界各地で開かれたことにも表れています。

なお、この資料の作成に協力している現役外交官のT氏は、事件後に米国に出張した際、タクシーの運転手に日本から来たと伝えると、「自分（タクシー運転手）は、アフガニスタン出身の移民であるが、中村医師のご冥福をお祈りする。アフガニスタンの復興に多大なる功績を残した。アフガニスタン人は感謝している」と告げられ、中村医師の現地での敬愛ぶりに驚かされるとともに、同じ日本人として誇らしくなったということです。

西岡京治《にしおかけいじ》　ブータンの農業指導者

一九六四（昭和三十九）年、海外技術協力事業団（ＯＴＣＡ・現ＪＩＣＡ）を経て、西岡京治がブータンに派遣されたが、これがブータンにおける日本の協力の起点になりました。ブータンは、保守的な国柄もあり、到着当初は「日本という島国の農業技術がブータンの農業の何に役に立つというのか」と言われる等、決して厚遇される環境とは言えませんでした。しかし、西岡は農業試験場の必要性を説き、多種の野菜や穀物を試験栽培し、農家を訪れ、新しい農業機具や肥料、そして品種改良されたキャベツ、トマト、大根等の種を紹介・指導しました。初年度はブータンの若い世代に新しい農業知識を伝えることを最優先に考え、野菜と米を栽培し、大きな成功を収めました。ブータンの人々は、ブータンのダイコン「ラフ」と日本の「大根」を比べ、その大きさの違いに驚いたと言います。

西岡は、試験場を単なる技術移転の場所にするだけでなく、こつこつと熱心に働く姿勢を身に着けること、そうした姿勢こそがより多くの見返りを得られることを学んでもらう場と考えていました。

首都ティンプーの近くの都市パロでの農業開発指導の成功を受け、ブータン政府から南部シェムガン県パンバンの開発にも携わることになった西岡は長年にわたる功績が認められ、一九八〇（昭和五十五）年には「最高に優れた人」という意味を持つ「ダショー」の称号と、その象徴である赤いスカーフがブータン国王から授与され、今でもブータンの農業振興の祖として敬愛されています。

Ⅱ章　「日本のこころ」を育んだ源流に何があるか

——神・仏・儒の習合、Ｚｅｎ、和漢洋の思想について

〈視点〉

「日本のこころ」の源流には何があるのでしょうか。日本人の立ち居振る舞い、その礼儀正しさ、美術や工芸品の独特の美しさや優雅さ、武士道の精神性、最近ではマンガ・アニメの奥深さ、おもてなしのこころ、人に対する優しさ、自然との共生への関心等々、「日本のこころ」は、長い歴史の中で、どこでどのように形成されてきたのでしょうか?

日本には変化にとんだ四季があり、豊かな自然があります。そのような環境の下で島国として独特の文化を育んできました。「日本のこころ」（和魂）は、このような環境に由来する自然観と、それを支える神道的な日本的霊性、さらにそれに仏教や儒教の要素が習合して、長い歴史を経て形成されてきた、いわば日本人の生活観、社会観、世界観を支える人格の基礎であると言えます。

長い歴史の中で、聖徳太子は「和」をもって貴しとして神・仏・儒を習合し、菅原道真《すがわらのみちざね》は「和魂漢才」と和魂を中心に据えて外来文化を学び、そして本居宣長《もとおりのりなが》、吉田松陰《よしだしょういん》においては「やまとごころ（大和魂）」として見直して、日本人は千年を超えて和魂を練り上げて育んできました。

その蓄積の上に東洋だけでなく西洋思想の導入も加わり、国運は幕末から明治維新への展開となり、近代化の成功国家として世界史的な役割を果たすに至りました。

幕末の偉人二宮尊徳《にのみやそんとく》はその後「代表的日本人」の一人として世界に知られましたが、晩年自分のこころの基本は「神・儒・仏を一丸として練り上げた正味一粒丸」のようなものだと述べています。

鈴木大拙《すずきだいせつ》の『禅と日本文化』（岩波書店）という本があります。この本は、日本人の生活や文化の背景に禅のこころで養われた「日本のこころ」（日本的霊性）があるとして、日本の美術、武士、剣道、儒教、茶道、俳句等と禅の関係を詳しく外国人に説明したものです。

人間には、自我意識からくる自己愛、自己保存のこころ（「小我」・利己心）がありますが、同時に小さな自分を超えた大きなこころ（「真我」・大我・利他心・慈悲心）があります。「日本のこころ」の良い面はこの大きなこころを大事にしていることでしょう。

このような大きなこころは、古代ギリシャ以来の西洋文明圏にも、他のアジア文明圏にも、アニミズムの要素とも絡んで共通に存在する人間の良心です。

そのような意味で「日本のこころ」は、日本独自の要素を持ちながら、同時に世界人類と普遍的な真理を共有するものでもあると思います。

以下、日本人の自然観や日本的霊性（古神道）をベースに、仏教や儒教の要素が習合して形成されてきた「日本のこころ」について、代表的日本人の一人である二宮尊徳の説明を例に、さらに具体的に考えていきたいと思います。その上でこの章では、世界に開かれた普遍性の最も高い仏教、特に禅のこころについて考え、また東洋だけでなくヘレニズムやギリシャ哲学、西洋思想との交流を通じた「日本のこころ」の人類普遍性についてもふれてみたいと思います。

◆「日本のこころ」の源流にあるもの

二宮尊徳（一七八七～一八五六）は、江戸時代後期の経世家、農政家、思想家で、江戸末期の関東一円（小田原藩桜町領を始め、矢田部、下館、小田原、相馬、日光神領等）の広汎な数多くの農村の復興事業を逐一成功させました。明治政府は幕府時代の業績を発展させなかったのですが、民間の運動として残り、後述する渋沢栄一などの日本の資本主義発展につながっていきました。尊徳は、内村鑑三《うちむらかんぞう》がその著書で取り上げた「代表的日本人」の五人の内の一人です。

尊徳の素晴らしい業績と人柄は、世界中でも高く評価されていますが、そのこころを知ることにより「日本のこころ」のエッセンスに何があるかを見てみましょう。

晩年、尊徳は、成田山新勝寺での断食（坐禅）修行によって、利害の異なる武士をも味方にする「一円観《いちえんかん》」を会得し、自分のこころの基本は「神・儒・仏正味一粒丸」であると述べています。

二宮は自らの言葉で、「神道は開国の道であり、儒学は治国の道であり、仏教は治心の道である」

と言い、「高尚を尊ばず卑近をいとわず、この三道の正味ばかりを取って正味一粒丸と名づけた」と述べています。即ち、神道、儒教、仏教の中から実際生活に必要な要素（正味）を取り出し、これを混和して一体の丸薬として服用すれば道が開けると述べています。

　尊徳の主張は、**至誠**（誠を尽くして）、**勤労**（まじめに働き）、**分度**（身の丈に応じた収支計画を立てて）、**推譲**（譲って損なく奪って益なし）の四原則が中心です。

　開発には確実に実施できると確信できる内容の長期計画が必要で、それに基づき着実に実績を上げることで、はじめて究極の目標を達成することが可能となるのです。分度（収支の基本システム）を元に、例えば福島県の旧相馬藩では六十年計画が立てられ、十年ごとに着実に実施されました。最近の日本の官民の中期計画のほとんどは、基本構造を変えることなく腰が据わった計画になっておらず、その目標が絵にかいた餅で終わるのとはまったく違うわけです。

　手法としては、現地現物の実践智を重視し（坐学の観想智だけではダメ）、**積小《せきしょう》以《い》大《だい》**（着実に、勤勉に、小さいことから始め、急がず我慢強く目的を達成する＝急げば大事乱れる）です。遺言には「つつしめや小子、速やかならんことを欲するなかれ。速やかならんと欲すれば、大事乱る。勤めよや小子、倦むことなかれ」とあります。

　もうひとつ、尊徳の素晴らしさは、推譲に関係するその「こころ」、敵を味方にする人間観にあります。自ら「神・儒・仏正味一粒丸」と呼び、尊徳手法で不利を被る武士階級の抵抗を、最終的には「敵を味方にするこころ」で乗り切りました。成田山新勝寺での断食修行（阿字観〈阿字を観想する修行法〉の坐禅）が明けて、一円観ですべての人を味方にする境地を得たのです。

（参考文献：『二宮翁夜話』中央公論新社、致知出版社、日本経営合理化協会出版局）

尊徳の考えは、日本の産業や社会のベースとして今日につながっています

1　日本的集団社会の本質につながる「分度」の考え

年貢は支配者がとるものではなく、農民が収めるもの。集団事業の再投資資金として自らに返ってくるもの。日本型経営の労使関係は、資本が人を支配するトップダウン型の欧米のそれに比べ、より働く側の人間の主体性を尊重している面（ボトムアップ型）があります。

2　「底のない桶に水を注ぐようなモノ」

「底のない桶に水を注ぐようなモノ」とは「分度」のない改革への尊徳のコメントです。同じ発言が最近の第一次安倍内閣の教育再生会議の席で「教育に予算を」という声に対する某委員のコメントにもありました。教育再生には、現状の制度のまま単純に予算を増やすだけでなく、教育界の「分度」制度の枠組みの再設計が最初に必要と思われるという趣旨だったと思います。

3 二宮尊徳の改革に見る重要なポイント

トップ（藩主、家老）のリーダーシップと、農民のやる気を引き出し、現場のボトムアップを実現させることは重要な点です。それに加えて、

①長期基本計画（分度の目標達成の）が特に重要です。過去の収入を調べ実力ベースの収入計画と支出計画を決める。それ以上の収入が想定される場合は、過去の負債軽減と再投資資金に向けるという計画です。

②実施計画の最初の着手は、効果が上がる場所、後に続く模範となりうる事業となる場所、その地域の農民のやる気が感じられる場所から選択的に実施され、山の中の貧村（草野村）ではなく、問題が多いお手並み拝見的地域（大井村、塚原村）でもなく、農民の希望が強い村（成田村、坪田村）から実施されました。

③その上で策定された、ゴール達成までの改革の全体計画が必要（計画の長さは問わない）とされました。この点から見ると五年程度の昨今の官民の中期計画は、中途半端で、かつ内容が主観的・希望的観測に依存するものに過ぎないと言っても良いでしょう。最初に手掛けた桜町（小田原藩主分家の旗本知行所であった現在の栃木県真岡市）は一期十年、二期五年の十五年計画で成功、大藩の相馬藩は一期十年で六期まで六十年の復興事業計画でした。

4　日本儒教の魅力

中国では今儒教ブームが起きつつありますが、その中国から二宮尊徳の思想を学ぶために小田原まで毎年留学生が来ているのはなぜでしょうか。小田原には尊徳記念館や、尊徳を祀った報徳二宮神社があって、日本人より世界の人がその素晴らしさを知っているからだと思います。

神道には共同体としての宗教（哲学）、仏教には個人としての宗教（哲学）という側面があり、儒教には政治倫理や統治の要諦（政治哲学・道徳）という側面があります。仏教では坐禅と念仏が鎌倉時代の宗教改革で士農工商万民に普及し、儒教では官学としての朱子学とは別に、孔孟思想（古学）と陽明学が江戸期から武士や商人を中心に広く万民に普及しました。

「日本のこころ」は、日本独自の霊性（文末の「宗教と霊性」を参照）をベースに、この神・仏・儒の三つの要素の優れたところを、日本人の主体的な判断で融合して形成されてきたもの、と見ることができます。言い換えると、日本の神道にも、儒教や仏教の要素が入り込み、日本の儒教にも神道や仏教の要素が入り込み、日本の仏教にも神道や儒教の要素が入り込み、混然一体のものとして「日本のこころ」の根幹を支えるものとなって来たとも言えます。大多数の日本人は、「あなたの宗教は」と聞かれれば、「自分は無宗教である（特定の宗教を持たない）」と答えますが、神・仏・儒の良いところを取った「日本のこころ」がその代わりとなっていると言い換えても良いでしょう。（新渡戸稲造《にとべいなぞう》が外国人から、日本人に「宗教」はないのかと問われ、「武士道がある」と答えた真意はここにあるのではないでしょうか）

〈参考〉宗教と霊性（宗教心）

「宗教」は明治期に作られた翻訳語で、辞書では「信仰の対象である教義や宗教行事を実践する教団の存在」を前提とし、例えば「経験的・合理的に理解し制御することのできないような現象や存在に対し、積極的な意味と価値を与えようとする信念・行動・制度の体系」というように記述される。キリスト教を始めとする世界の宗教、寺院仏教（宗派仏教）等はこれに該当します。

「日本のこころ」は、古代以前からの独特の風土・自然の中で育まれてきたアニミズム的な要素を含む古神道をベースに、仏教や儒教と習合して形成された霊性を核としたものと理解することができますが、ここでいう神・仏・儒はいずれも、必ずしも信仰の対象としての特定の教義や教団への帰依を意味するものではありません。その意味で「日本のこころ」における霊性（宗教的情操）の重要性は否定されませんが、それは特定の教義や宗教教団への帰依を前提とするものではないのです。

◆日本の生活文化の背景には禅のこころがある

日本文化と禅

勝海舟《かつかいしゅう》は「幕末から明治期の混乱の世に、曲がりなりにも今日までやって来ることができたのは、ただ剣術と坐禅の二つによってだ」（『氷川清話』講談社）と語っています。

鈴木大拙著『禅と日本文化』（岩波書店）は、日本型仏教（禅）、古神道（自然観や美意識等）、日本型儒教（古学・陽明学等）が融合する「日本のこころ」と日本の文化の関係について、海外の人にもわかるように解説しています。その内容は、禅と美術、禅と武士、禅と剣道、禅と儒教、禅と茶道、禅と俳句……と日本文化全般に及びます。

歴史上の人物から見る「日本のこころ」と禅の関係

神仏習合の出発点は聖徳太子の十七条の憲法と言われていますが、鹿島・香取両神宮が発祥と伝わる、柳生新陰流《やぎゅうしんかげりゅう》、直心影流《じきしんかげりゅう》等とつながる古剣道の奥義には禅や神道のこころが謳われ、鎌倉時代

鈴木大拙
（写真提供 禅文化研究所）

以来の士農工商の生活や文化の万般にわたって、神・仏・儒習合の「日本のこころ」が受け継がれてきました。

禅は、北条時宗《ほうじょうときむね》、上杉謙信《うえすぎけんしん》、武田信玄《たけだしんげん》、宮本武蔵《みやもとむさし》、柳生宗矩《やぎゅうむねのり》、……幕末の西郷隆盛、勝海舟、山岡鉄舟《やまおかてっしゅう》などへと、今日につながる武士道精神のバックグラウンドになっています。禅はそれと同時に、中世からの匠の道（彫刻、工芸、美術）や茶道、松尾芭蕉《まつおばしょう》の俳句を始めとする文学の隆盛、二宮尊徳らの農業復興運動、石田梅岩《いしだばいがん》らの商人道（心学）の発達に大きな影響をもたらしました。そして、モノづくりの工業や三方良し精神の商業、人を大切にする日本型経営に至るまで、今日の日本の産業・生活・文化を支える力の源泉になっています。

禅のエッセンスは「小我」と「真我（大我）」人類の普遍性を持つ真理

禅のこころは、「不立文字《ふりゅうもんじ》」とされ、言語や論理によっては把握し難い（体験による把握が不可欠の）ところにあると言われますが、唯識《ゆいしき》の哲学で見ると概念的にわかりやすいかもしれません。

唯識は、四世紀に北インドに生まれた無著《むじゃく》と世親《せしん》の兄弟が大成させた大乗仏教の根幹をなす思想のひとつです。唯識では、人間の意識を、意識の世界（眼、耳、鼻、舌、身の五感と意識《頭脳による論理的理解》の六識）と無意識の世界（マナ識とアラヤ識の二識）の八識に分けていますが、無意識の世界の二つの関係を次のように解説しています。
マナ識（末那識）は、人間の生存本能、自我意識からくる自己保存、自己防衛のこころであり、競争、戦争につながるものです。アラヤ識（阿頼耶識）は、過去の祖先の行動・経験が個々の要素（種子）として記憶されている深層のこころであり、大きな方向性において人間をより良き方向に向かわせる、慈悲、友愛、共生につながる希望の無意識であるとされます。小我《しょうが》と大我《だいが》（真我）という言葉で対比すると、マナ識は小我の領域の無意識であり、アラヤ識は真我（大我）の領域のそれであるといえます。坐禅の無意識の状態は、究極的にはこのアラヤ識に達するものと考えて良いでしょう。人間をマナ識の塊と見ると性悪説に陥り、アラヤ識の存在と知ると性善説に近づきます。

生まれる前の無意識の世界からの呼びかけ

人間のこころ（性格）は、誕生以来後天的に発達し（育成され）変化するものと、祖先の行動や経験の積み重ねで形成されて来た先天的なものの両面があります。人は生まれた時は真っ新で、幼児教育、家庭教育、学校教育、社会教育の過程を経て、こころの性向が育てられていくわけですが、一方で生まれる前からの両親や祖先のこころの性向が無意識の世界で生まれる子どものこころの性向に影響を及ぼし、民族性や国民性として後世代のこころの性向に、良かれ悪しかれ一定の方向性を加えているということもあるのではないでしょうか。
海外の観察者が見る「日本のこころ」のポジティブな側面は、後天的決定の環境において仮に一時マイナスの状況（生活習慣や社会の断絶）に陥ったとしても、そう簡単に消え去るものではなく、遺伝子の中に伝わり継承されていく可能性は残されていると見るべきではないかと考えます。

こころは型から現出する

礼儀作法や行動様式は、こころの発露の結果が形（型）として定着したものです。祖先を含めた過去の経験智から、人間はまず形（型）を整えることによって、そこから整えられたこころが自ずから発出するということを知っています。坐禅のみならず、武道や芸道が、こころを整える手段として、何よりも型からの習得を重んじるのはこのためでありましょう。社会にビルトインされた直観的道徳規範の例としては、江戸時代の藩校・会津日新館の掟「ならぬことはならぬもの」があります。

社会人こそ坐禅に取り組む意義がある

坐禅は、こころの安定（メンタルヘルスの獲得）をもたらすものに止まりません。より積極的に、世の中に新しい価値を生み出す力を湧出するものです。次の二番目が重要です。
・坐禅の効用一　自己のこころの安定、メンタルヘルスの改善・向上

・坐禅の効用二　イノベーティブな発想、新しい価値の創造、実践智の獲得、組織・社会運営の円滑化（ウィンウィンの道＝活人剣《かつにんけん》）、新しい世界観・宇宙観の獲得

坐禅は寺院の専門僧だけのものではありません。社会生活で日々課題に取り組んでいる生活者、社会人が日常の中で主体的に坐禅に取り組むことこそが重要なのです。

日本禅の中興の祖といわれる白隠《はくいん》禅師の師の正受《しょうじゅ》老人、至道無難《しどうむなん》禅師、その他、鈴木正三《すずきしょうさん》、石田梅岩、松尾芭蕉などもみな、禅に取り組んだ実社会人（世俗人）だったのです。

オープン坐禅会の推進

「日本のこころ」は、過去数百年、天災と戦乱の世の中をしぶとく生き抜いて来た士農工商の万民が、等しく練り上げてきたもので、背景には古代以来のアニミズムの上に神・仏・儒習合の過程が存在します。そして、そのベースにあるもののひとつに禅があります。禅の真髄は、空（真理）の世界に入ることだけではなく、そこから色（現実）の世界に戻り、現実（色）と真理（空）との火花を散らした現場（色即是空、空即是色）に生きることにあります。禅の真理は、現場の課題と向き合うところにこそ、より大きな叡智のひらめきと悟りとなって顕現するものです。深山幽谷に住して修行に専念する専門修行者も大事ですが、それ以上に日夜生活や仕事に神経と体力を振り絞っている第一線の社会人が、坐禅の習慣を日常的に持つことこそ、もっと重要なことです。戦国から江戸にかけて、専門

僧ではない、士農工商の万民が主体的に取り組んできた在家禅（居士禅）の伝統こそ継承されるべきこころの文化だと思われます。

　世界のための日本のこころセンターでは、このような考えから、社会人が働きながら主体的に生活習慣としての坐禅に親しむことができる場として、（宗教を超え、宗派を超えた）オープン坐禅会を都心の便利な場所で定期的に開催することを提案し、実践しています。

　アメリカやヨーロッパの禅も実際の実践者は、社会人である一般在家の人たちです。今や日本人よりも多いとみられる世界の禅者と手を組み、オープン坐禅会の環が広がっていくことが期待されています。

　今日の社会では、正しいこころ（正念）の獲得の機会として、必ずしも結跏趺坐の坐禅の形にとらわれず、椅子坐禅や、マインドフルネス、ヨガ瞑想、静坐等々まで広げて、日々の生活習慣の中にこころを整える機会を取り戻すことが、まず必要と考えます。

◆東洋思想と西洋思想の交流

ギリシャ哲学は、ヘレニズム、インド、中国の哲学・思想と交流し、相互に影響しあってきま

カール・グスタフ・ユング
（Bettmann/gettyimages）

した。禅でいう「真我（大我）」の世界が、アラヤ識に対応する世界だとすれば、それは西欧哲学とも相関する要素があります。スイスの心理学者カール・グスタフ・ユングは、人間の無意識には、「個人的無意識」と、「集合的（普遍的）無意識」の二つがあるとし、後者は「人類の歴史が眠る宝庫」のようなものであると例えており、いわばアラヤ識に相当するものと考えることができましょう。鈴木大拙はユングの親しい友人であり、またドイツの哲学者ハイデッガーとも個人的に交流があったといわれます。

キリスト教やイスラム教が一神教であるのに対し、東洋の宗教は多神教的（鈴木大拙は、八百万の神の神道や諸仏が多い仏教について、ともに多神教と定義するのは誤りとしています）であると区別することも可能ですが、キリストやマホメッドの生誕以前の段階では、西洋にもアニミズム的、多神教的なベースも多く存在し、アリストテレスからトマス・アクイナスにつながる「霊性」の捉え方は、仏教や儒教（孔孟思想）のそれと共通する部分が見られ、普遍的真理は東西世界でも深くつながっていると見ることができます。

事実、アレクサンダー大王の東征に見られる文化の東西交流が、ミリンダ王と仏教僧ナーガセーナの対話（原始仏教の経典「ミリンダ王の問い」〈ミリンダパンハ〉中村元「仏教経典散策」）に

内村鑑三

つながり、東西思想は相互に影響し合って「慈悲」とか「真我（大我）」という人類共通の普遍的価値を共に支えるものとなっている部分があると思われます。

　宗教を超えた禅の普遍性については、例えば、クラウス・リーゼンフーバー神父（上智大学名誉教授）による坐禅会の開催など、現在でも多くのカソリック教徒の信者が坐禅を行としていることからも立証されると思います。

　人類普遍性という点では、キリスト教徒内村鑑三がなぜ『代表的日本人』（西郷隆盛、上杉鷹山《うえすぎようざん》、二宮尊徳、中江藤樹《なかえとうじゅ》、日蓮上人《にちれんしょうにん》）を世界に示したのかを考えてみることも必要でしょう。内村はドイツ語訳版後記で概略次のように述べています。「自分の内にあるサムライに由来するものを、無視したり等閑に付したりすることはできません。キリスト者の律法に比し、優とも劣らぬサムライの定めでは、『金銭に対する執着は諸悪の根源なり』であります。たとえこの世の全キリスト教信徒が反対側に立とうとも、真のサムライの子である私は、こちら側に立ち言い張るでしょう。『いな、主なる神のみわが神なり』と」

　キリスト教が、イエズス会の宣教師たちによって戦国時代に日本に伝えられながら、その布教に限界があったのは、その領土的野心への日本人の警戒心のためというより、例えば鈴木正三が一六三七（寛永十四）年の島原の乱の後に天草・島原の人びとのために執筆したと言われる『破《は》吉利支丹《きりしたん》』という論文にあるように、彼らの説法が、当時の日本人のこころに直ちに受け入れ難いものがあったということにもよるのでしょう。

鈴木正三は、「天地開闢以来幾万年の間、三世（過去・現在・未来）の諸々の仏たちが延々と生きとし生けるものを導いて来たのに、長い間世界の他の国にデウスは出現なさらず、最近になって南蛮（西欧）にだけ何故出現したのか、等々」と、日本人が感じた宣教師の説の諸矛盾を指摘し、キリシタンの説を徹底的に論破しました。隠れキリシタンの存在も考慮にいれなければならないのも事実ですが、一方で、鈴木正三が、天草の代官となって領民に慕われた弟鈴木重成《しげなり》、息子重辰《しげとき》とともに、天草の鈴木神社に祀られ、現在も崇められているのも事実なのです。

Ⅲ章　地球環境の保全・人類の共生を支える「日本のこころ」

――日本的霊性と古神道について

〈視点〉

二十一世紀に入って、人類の経済活動が地球を覆いつくし、その影響が余りに大きくなったことから、地球は地質学的に見ても新たな年代に入ったという見方が広がっています。ビル、工場、道路、農地、ダムなどが地表を埋め尽くし、海洋にはマイクロ・プラスチックが大量に放出され、人工物が地球を大きく変え、また大気中の二酸化炭素の増大は、異常気象につながり、異常気象は地球環境を激変しつつあります。このような時代に、「日本のこころ」はどのような貢献をなしうるのでしょうか。私たちは率先して対応策を考えなくて良いのでしょうか。

地球温暖化問題に対して日本政府は、二〇五〇年までに温室効果ガス排出量を実質ゼロにする方針を打ち出しました。ただ官民ともに、この目標を現在の延長線上の発想で克服できると考えているとしたら、それは容易ではありません。私たちは、地球全体の環境保全と経済活動の両立がどこまで可能かを真剣に考え、万人が納得する答えを見出す必要があります。

核兵器禁止条約も二〇二一（令和三）年に発効し、日本政府の批准が待たれる状況になっています。原子力の平和利用とその管理の問題も、国際合意を目指して、従来以上に真剣に取り組まなければなりません。

遺伝子工学（ゲノム編集）の人間への応用や、薬品開発や細菌感染防止等のための動物の大量殺処分等が続いていますが、改めて人間を含めた生物全体の生命のあり方に立ち返って、考えてみる必要はないでしょうか。

ジェンダーの問題も、社会的差別の解消を進める一方、子育てにおける女性の役割の大きさ、家族のあり方等について、多様な考えもまた必要ではないかと考えます。

世界の強国に追いつめられた先住民族の保護も、人類の多様性を維持する上で重要であり、また、その貴重な智恵も残していかなければなりません。

「日本のこころ」は、神・仏・儒の習合の上に成り立ってきた歴史がありますが、とくに長い縄文時代以来の平和な生活の中で培われた神道的な考えは、自然との共生を重んじる日本的霊性の基調となっており、地球環境問題の解決に大きく貢献するように思われます。

以下で、もう少し具体的に見てみましょう。

◆地球環境の危機と「日本のこころ」

地球的規模あるいは地球的視野にたった環境問題としては、例えば①地球温暖化 ②オゾン層の破壊 ③熱帯林の減少 ④開発途上国の公害 ⑤酸性雨 ⑥砂漠化 ⑦生物多様性の減少 ⑧海洋汚染 ⑨有害廃棄物の越境移動等の課題が人類の将来にとって大きな脅威となるとされています。（一般

財団法人環境イノベーション情報機構のホームページより）

今や課題ごとの対症療法的な施策を超えて、経済成長か人類の生存環境維持か、技術の高度化か人間の生命と尊厳の保持か、という大きな価値観の平衡感覚を研ぎ澄ませ、大所高所からの適正な判断と舵取りが期待される事態となってきています。核兵器・宇宙兵器・ＡＩ兵器（ロボット兵器）の制限・廃止、原発など核の平和利用や宇宙開発の管理の問題等にも、日本人の生命観（「日本のこころ」）は、大きな発言を求められていると言えましょう。

◆生命科学の進展と「日本のこころ」

山中伸弥教授は、二〇二〇（令和二）年にＮＨＫの番組で、遺伝子工学（ゲノム編集）が進むと、人間の生命に科学が大きく関与することになり、倫理的な視点からの自己規制がないと「人類が滅びる可能性がある」と発言し、人々を驚かせました。二〇一九（令和元）年、中国では若い科学者が世界で初めてゲノムを編集した赤ちゃんを作り出したと主張し、世界から非難がわき上がりました。人類の生命を作り出す生殖技術に科学がどこまで関与すべきかは、真剣に監視されなければならない問題です。地球環境問題は、帰するところ生命のあり方の問題であり、「日本のこころ」の文化はこれにどう対処すべきと考えたらよいでしょうか。真剣に考える必要があります。

◆ジェンダー問題と「日本のこころ」

男女の社会的格差を解消するジェンダーの課題については、我が国も男女共同参画社会の実現に向けて、女性に関する有形無形の差別解消のための改革がさらに必要です。ただ一方では、ジェンダー問題の本質は社会的差別の問題を超えて、人間の子孫をどのように維持し発展させていくかという地球環境問題に位置づけられるという見方もあります。明治以降は別として、日本はどちらかというと古代から父系社会というより母系（双系）社会的要素が強く、それが生殖・育児を通じて生命を繋ぐシステムの基本にあったという見方があります。家族のあり方や生命を繋ぐという点に着目すれば、ジェンダー論でも日本の社会システムは今後地球的な意味を持ってくると言えましょう。また、日本文学においては、国学者の本居宣長《もとおりのりなが》が指摘するように源氏物語等の仮名を使用した女性文学の隆盛は、「たおやめぶり」として高く評価されており、万葉集以来の「ますらおぶり」に対置されるものとして、「日本のこころ」を支える大きな力となってきています。

◆先住民族の智恵と「日本のこころ」

世界の強国が先住民族を追いやって征服し、最近ではグローバリズムで世界がモノカルチャー化していく流れの中で、世界の先住民族を調査した東京大学名誉教授・月尾嘉男《つきおよしお》氏は、進歩主義的世界観が次の人類の危機を招来する恐れがあるとして、人類は先住民族の智恵に学べと警告しています。

①土地の私有という失敗＝共有こそ循環社会の決め手（酋長シアトルの言葉）
②時間に縛られる苦悩＝イヌイットの時間に縛られない狩り
③将来を考えない人類＝バックキャストによる子孫への貢献（七代先の子孫を考え現在を計画するイロコイ族）
④万物の霊長という驕り＝自然崇拝と動物・生物との共生の智恵
⑤進歩の代償である精神的退化（強欲）＝（アマゾン先住民族のアユトン・クレナックの言葉）
人間は鳥のように静かに飛び去っていくことができる。通り過ぎるだけなのに、何か記念碑を残そうとする人は自分に自信がないだけ。（月尾嘉男著『先住民族の叡智』遊行社より）
グローバリズムが極端に進む場合には、将来日本民族自体も「先住民族」として扱われる恐れがあるのかも知れません。しかし世界中の先住民族の智恵は、人類共通の叡智かも知れず、地球の環境問題はここから解決していくべきものとも思われます。

神道や修験道などの文化的蓄積にみられる自然と共生していく生命的知性に着目すれば、「日本のこころ」にある自然観や美意識は宗教という言葉で括れません。その意味で、地球環境の保全こそ、日本の世界史的使命と考えるべきではないでしょうか。

◆「日本のこころ」の基調にある神道的霊性

「日本のこころ」の基調にある神道の考え方は、地球環境問題と世界人類の共生問題の解決に、大きく貢献するように思われます。神道は自然道で、自然に神の存在を見て畏敬し、人間も動植物とともに自然の一部であり、自然と共にあるという世界観です。

神道については諸説がありますが、ここでは狭い意味での宗教と見ず、広く日本人の心性の拠り所、道徳規範の源泉として見ていくことにします。逆に言うと、世界の宗教と対立せず、包み込むように受容できる宗教観（アインシュタインの言う宗教性）だとも言えます。

神道には経典や教義がありません。恵まれた自然風土から自然崇拝が生まれ、八百万の神といわれるように、万物に神が宿るという思想が定着していったのです。

日本では昔から人々は、神に感謝し、大自然に感謝し、祖先に感謝し、周囲に感謝し、有難い、おかげさまでという思いで生活しています。

日本人は「お天道様はすべてお見通し」といいますが、「天」は宇宙をさし、「自然」をさします。神道の祭りは、自然や祖先に対する感謝の念を表明する儀式と言え、また神道は神の前で祝詞をとなえますが、祝詞は神をたたえ、神即ち自然に感謝する言葉でもあります。

普段自覚されることは少ないですが、改めて神道を知ると、日本人の生活習慣、道徳観、ものの考え方、感じ方の根底に神道が横たわっていることがよくわかります。

古来「神々は清浄を好み、清浄なところにまします」といい、日本人は清潔好きで、心身の清浄と環境の清浄を尊び、汚れや、汚いことを好まず、汚れ（けがれ）は「穢れ」、穢れは「気枯れ」であり、人の活力を低下させると考えます。

この自然道とも言うべき神道的な考えは、これからの地球環境問題への対応において、大きな働きをしてくれるのではないかと考えられます。（P66参照）

同時に、日本人の基本的な神観念は、世界の宗教対立を包摂する力を持ち、世界平和への政治的なエネルギーとなる可能性を秘めています。

日本では神道と仏教が習合していますが、これは縄文時代を含む長い時間をかけて培われた神道的な基層文化のうえに、大陸から伝来した仏教の要素が融合し、成立した共存関係でもあります。

◆明治以降も生きた古神道の流れ

ヨーロッパにおいては、キリスト教の広がりにより、それまで存在していた民族宗教は陰に隠れてしまいましたが、日本では古来の民族信仰である神道が、変化しながらも、核となる部分はそのまま継続して現在に至っています。

一八六八（明治元）年、明治新政府は「王政復古」「祭政一致」の理想実現のため、神道国教化の方針を採用し、それまで広く行われてきた神仏習合（神仏混淆）を禁止するため、神仏分離令を発しました。上からの宗教改革ですが、これは民衆の神仏観と大きなずれと齟齬がありました。国教化については、政府は信教の自由を同時に進める必要があり、神道の国教化には至りませんでした。

政府は神社を宗教ではなく「国家の祭祀」として国家が管理し、統制する体制とし、一九〇六（明治三十九）年、神社合祀令を出しました。民俗学者・南方熊楠《みなかたくまぐす》は、神社を取り壊すことによっ

南方熊楠
（南方熊楠顕彰館〈田辺市〉所蔵）

て住民の信仰心、道徳心、自治、連帯感が衰えること、神林の乱伐による森林の破壊が生物多様性に危機をもたらすこと、農業、漁業を衰微させ、人の暮らしそのものを崩壊させることになると、神社合祀令に反対しました。

　国家祭祀としての神社神道と古神道の流れは、一方は今日の皇室祭祀に、他方は狭義の宗教ではない今日の日本人の宗教観（宗教性）につながっているという見方ができます。

神道的な考えと地球環境問題

　神道はいわば自然道であり、自然が神です。一神教と異なり、神道は超越神がはじめに存在して、これが自然を作ったとは考えません。自然が始めから存在し、自然そのものが神であるとします。そして自然は霊的存在です。神道は宇宙のあらゆる存在に霊性を認めます。霊的存在ということは、生命《いのち》をもつということです。

　神道の世界観は、自然＝神＝霊的存在＝生命をもつ存在。こうした世界観を一部の学者はアニミズムと言って、未発達の原始宗教としますが、実は一神教発生以前、世界人類はほぼ共通してこうした世界観をもっていたのです。他宗教に寛容な神道的世界観は、このように人類普遍的な世界観と相通ずるものがあると思われます。

一神教においては、人間は自然の一部ではなく、自然の上位にある。一神教における自然、神、人間の序列は、神―人間―自然で、自然は人間の下位にあり、神のスチュアート（執事）としての人間の支配をうける。自然の中には、無生物のほか、動植物等すべての生き物が含まれる。ゆえに一神教では、人間と動植物は決定的に異なるということになります。

これに対し神道的な見方は、人間は自然から生まれ、自然の一部である。自然の一部である動植物とまったく同じ生命をもつ霊的存在である。人間と他の生き物との間に基本的に違いはないとし、さらに、岩、山、川、海といった無生物、無機物も霊的存在と考えます。

自然が神であるから、自然を畏敬し、人間は自然の一部であるゆえ、必然的に自然と共生するといった感覚を生む。こうした自然観は、自然はモノに過ぎず、人間は自然と異なり、自然の上位にあるとする一神教的世界観よりも、地球環境問題をより身近に考え、真の解決に向かうことが出来る世界観だと言えるのではないでしょうか。

Ⅳ章　政治思想と社会倫理の本にある「日本のこころ」

——孔孟思想と陽明学等日本の儒教について

〈視点〉

「日本のこころ」については、神・仏・儒の習合という側面があるとされています。この本では、これまで神道的な日本的霊性に、日本化した仏教（例えばＺｅｎ）の要素が加味されてきたことを見てきましたが、それにどのように儒教の要素が習合しているのでしょうか？　言い換えると、日本化した儒教はどのような形で「日本のこころ」を支えるものとなっているのでしょうか？

日本の古代については、国づくり、国譲りの神話にもあるように、比較的に戦いの少ない平和な世の中が続いていた中で、豊かな自然と風土に根差した霊性が育まれ、和の政治思想や社会倫理が形成されてきたと見られます。五～六世紀には儒教や仏教の伝来もあり、飛鳥時代に聖徳太子が定めた十七条の憲法によって、神・仏・儒の習合した思想が形成され、その後の律令国家の政治思想、社会倫理の基礎を築いたものとみられます。

さらに江戸時代には宋学と言われる朱子学と陽明学が伝来し、孔孟《こうもう》思想も学び直されて、日本社会の政治思想、社会倫理の規範を形成することになりました。江戸時代後期には、中国儒教を日本人の感性にあうように変質させ、更に仮名という武器を積極的に利用したことで、武士だけでなく士農工商万民に儒教が行き渡りました。日本人は儒教の問題意識や理論を使って、日本的な精神や価値観を洗練させていったといってもよいと思われます。

◆「日本のこころ」を支える儒教

儒教が日本へ伝わったのは五世紀頃（六世紀の仏教伝来より早い）です。古事記には「和仁」が論語をもたらしたとあり、五一三年には五経博士が来日しました。

聖徳太子の制定した憲法第一条の「和をもって貴しと為す」という用語は、論語の「礼の用は和を貴しと為す」にも通じ、そこから神・仏・儒の習合が始まったといわれます。日本では中国から科挙《かきょ》制度を導入しなかったため、その後仏教の方が盛んになりました。

十二世紀以降、宋学（朱子学）が少しずつ広がります。十四～十五世紀に京都、鎌倉の五山、臨済寺院（仏儒習合）を中心に普及し、その後、薩摩（薩南学派）、土佐（海南学派）、京都（京学）として地方に及びました。

江戸時代に仏教から独立（儒仏分離）し、朱子学（宋学）が江戸幕府の文教政策の要となります。林羅山《はやしらざん》が徳川家康に仕え侍講《じこう》に。五代将軍徳川綱吉《とくがわつなよし》が孔子廟（湯島聖堂）をつくります。林家私塾として「学問所」を開設。その後、寛政異学の禁（松平定信・一七九〇〈寛政二〉年）を経て江戸幕府の直轄の昌平坂学問所（昌平黌《しょうへいこう》）で官学として採用され、各藩の藩校でも朱子学が講義されるようになりました。明治になると洋学の法律論と相まって明治の法治主義につながっていった面があり、朱子学の格物致知論は、理性尊重の精神として、洋学受容の精神的基礎になっていきます。

日本で熟成した儒教は、堅苦しい倫理道徳や統治原理（法家的統制思想）を超えた日本化した朱子学、気（浩然の気・孟子）を重視する孔孟思想、古学や陽明学などが、藩校以外でも私塾や寺子屋を中心に武士や町人、庶民に普及し、神道や仏教とも習合して、生活文化に根差した日本人の「こころ」の本質にかかわるものとなっていきました。

◆朱子学・孔孟思想（古学）・陽明学と日本の儒教

中国における儒教の流れ

儒教については、孔子《こうし》（前五五一〜四七九）が「孝」「仁」「信」など家族や近親者を中心とした徳目を思想として打ちだし、性善説の孟子《もうし》や性悪説の荀子《じゅんし》に受け継がれました。東アジアの歴史の流れの中で、秦帝国は荀子の流れを継ぐ法家の思想（道徳の一部である法〈刑〉即ち統治ルールを重視する）を採用し、中央集権を貫徹しました。朱熹《しゅき》（一一三〇〜一二〇〇）は「性即理」の性善説の朱子学を創設しましたが、隋の時代から千三百年続く科挙制度による官僚支配が続い

孟子
（©Public domain）

朱熹

た中国では、その後朱子学の世俗化が進んだため、明代に陽明学が起こりました。一方科挙制度の下で体制教学となった朱子学は、清王朝や韓国の士大夫《したいふ》層（支配階級）の儒教思想の根幹をなすに至りました。

〈参考〉朱子学と陽明学

①朱子学は、本来性善説に立ち、『大学』では、「格物→致知→誠意→正心→修身→斉家→治国→平天下」（物に格《いた》りてのちに知至る。知 至りてのちに意 誠なり。意 誠にしてのちに心 正し。心 正しくしてのちに身 修まる。身 修まりてのちに家 斉《とと》のう。家 斉いてのちに国 治まる。国 治まりてのちに天下 平らかなり）と、正しいこころを重視します。朱子学は「格物」を「物にいたる」と読み、事物に備わる理を客観的に理解することとし、それを学問の始めとしました。

②それに対して陽明学は、「格物」を「物をただす」と読み、「意念（心の最初の動き）の発動を正す」ことだとしました。朱子学が客観性や理性を重視するのに対し、陽明学は主観の持つ力を信頼し、心

の実感を重視する立場です。陽明学は格物致知の部分について、「心即理」の立場からその解釈を別にし、事物の理の客観的究明に力を入れるのではなく、心をそのまま理とし心の自然な発露に身をゆだねる、人間に備わっている善悪識別能力を十全に発揮するという「致良知」（良知を致す）を強調します。

③一方で、次第に形式的な知識主義、主知主義に陥っていった朱子学に対し、陽明学は、「致良知」（無私の悟り《禅》に通じる）、「知行合一」（実践智の確立）、「万物一体」を重視するものであり、神道や仏教の哲学との親和性もあって日本社会に広く受け入れられて大きく発達しました。

江戸期の日本における朱子学・陽明学

王陽明

朱子学は、その後に日本に伝わり湯島聖堂（林羅山）、昌平黌を経て明治時代につながる官学のベースとなりました。儒教思想そのものは従来の学派に捉われない折衷的な傾向に進み、洋学を理解するための基礎的素養としても機能したとみられます。

一方で、理の権威を固定化しがちな朱子学に対して、こころの生き生きした実感力に立ち返ろうとしたのが陽明学で、朱子学や陽明学などの後世の儒教を否定し、古代の聖賢の精神に直接復帰しようとしたのが古学です。なお日本の古学は、古代儒教に復帰しようとしながら、実際には日本人の感性にあった儒教に改変した面、つまり外来思想である儒教を日本に土着化させた功績があることが指摘されています。伊藤仁斎《いとうじんさい》や荻生徂徠《おぎゅうそらい》は孔子を取り澄ました完全無欠な存在ではなく、生身の偉大なる人間として解釈しました。その実生活に根付いた生き生きした孔子観は中国や朝鮮には見られないもので、人によっては『論語』を真に受容したのは中国や朝鮮ではなく日本だと言う人すらいるほどです。つまり孔子の儒教は中国では漢以後変質してしまい、それは朝鮮も同じで、むしろ日本が『論語』の精神を継承したという見方です。陽明学は、朱子学が「理」や「知」をまず掲げ、そこから道徳を展開するアプローチを採ったのに対し、「こころ」や「行」を重んじ、実践智の確立を重視しました。後者の考え方は、禅や神道のこころとも合流し、私塾や寺子屋などを通じて日本の士農工商の各界に伝播し、神・仏・儒が融合した「日本のこころ」の深化につながったと考えられます。

儒教の家族主義・一族主義、祖先崇拝（霊魂と魂魄《こんぱく》）は、日本において、神道や仏教（日本に伝来した中国の仏教は既に儒教の影響下で変質し、インド仏教とは異なったものになっていました）と習合し、日本独自の精神文化が形成されてきたと言えます。（これまでの内容については、早稲田大学教授・土田健次郎氏のお話を参考に記述しました）

〈参考〉代表的な日本の陽明学者（折衷学派を含む）

中江藤樹

中江藤樹《なかえとうじゅ》（一六〇八～一六四八）

江戸初期の儒者。近江の人。名は原、字《あざな》は惟命《これなが》、通称与右衛門。伊予国大洲《おおず》藩に仕えたが、のち帰郷。初め朱子学を信奉、孝の徳目を重んじ『翁問答』を著す。晩年、王陽明の著書に接し、我が国陽明学の祖となる。村民を教化し徳行をもって聞こえ、近江聖人と称された。門下に熊沢蕃山《くまざわばんざん》がいる。

熊沢蕃山（一六一九～一六九一）

江戸前期の陽明学者。京都の人。字《あざな》は了介。中江藤樹に学び、岡山藩主池田光政に招かれ治績をあげた。『大学或問《わくもん》』などで政治を批判し、幕府に咎《とが》められて禁錮中に病死。

荻生徂徠《おぎゅうそらい》（一六六六～一七二八）

江戸中期の儒学者。江戸の人。物部氏より出たので物《ぶつ》徂徠などと称する。はじめ朱子学を学んだが、のち古文辞学を唱え、古典主義に立って政治と文芸を重んずる儒学を説いた。柳沢吉保《やなぎさわよしやす》、徳川吉宗《とくがわよしむね》に重用された。

上杉鷹山《うえすぎようざん》（一七五一～一八二二）

江戸中・後期の大名。米沢藩主。名は治憲《はるのり》。鷹山は号。藩政の改革に努め、自らも節倹を率先励行、財政改革・殖産興業・新田開発を行い、藩政を立て直した。藩校興譲館《こうじょうかん》を設立。

佐藤一斎《さとういっさい》（一七七二～一八五九）

江戸後期の儒学者。美濃岩村藩家老の子。昌平黌の儒官となる。朱子学を講じたが、学説としては陽明学に拠《よ》り、渡辺崋山《わたなべかざん》、佐久間象山《さくましょうざん》、林鶴梁《はやしかくりょう》など多くの俊秀を輩出した。著『言志録』など。

山田方谷《やまだほうこく》（一八〇五～一八七七）

備中松山藩西方村（現岡山県高梁市中井町）の農商の家に生まれた。五歳の時から新見藩儒者、丸《まる》川《かわ》松隠《しょういん》のもとで朱子学を学び、神童と言われていた。両親の死によってやむなく家業の製油業を継ぐが、そのかたわら学業にも励む。その様子が藩主板倉勝職《いたくらかつつね》の目に留まり、一八二五（文政八）年、二人扶持を与えられ、藩校有終館《ゆうしゅうかん》の会頭（先生）となる。江戸遊学後は朱子学から陽明学に転じ、陽明学者熊沢蕃山の教えに多大な影響を受けた。一八四九（嘉永二）年、板倉勝静《いたくらかつきよ》が藩主となると共に元締役兼吟味役に抜擢され、ついに藩政の表舞台に立つことになる。そして、方谷の手腕によって、松山藩は、負債十万両を返済したのみならず、さらに十万両の余財をみるに至った。

河井継之助《かわいつぐのすけ》（一八二七～一八六八）

幕末の越後長岡藩家老。佐久間象山、古賀謹一郎《こがきんいちろう》に学び、開国論を唱える。戊辰戦争では中立をはかったが、官軍が認めず、長岡城の激戦で重傷を負い、死亡。

吉田松陰《よしだしょういん》（一八三〇〜一八五九）

幕末の尊王論者・思想家。長州藩士。兵学を学び、長崎・江戸に遊学、佐久間象山に師事した。ペリー再来の時、密航を企てて、下獄。のち萩の自邸内に松下村塾を開き、高杉晋作《たかすぎしんさく》、久坂玄瑞《くさかげんずい》、伊藤《いとう》博文《ひろぶみ》ら維新の指導者を育成。安政の大獄に連座、刑死した。

橋本左内《はしもとさない》（一八三四〜一八五九）

幕末の志士。越前福井藩士。緒方洪庵《おがたこうあん》、杉田成卿《すぎたせいけい》（玄白の孫）に医学と蘭学を学び、のち藩校明道館学監となった。将軍継承問題で、一橋慶喜《ひとつばしよしのぶ》の擁立に尽力し、安政の大獄によって斬首された。

高杉晋作（一八三九〜一八六七）

幕末の志士。長州藩士。吉田松陰門下。下関砲撃に備えて奇兵隊を結成。また、一八六五（慶応元）年以降、藩の主導権を握って藩論を倒幕に転換、第二次長州征伐の幕府軍を圧した。

幕末からの日本の陽明学、古学、水戸学

陽明学は、幕末では大塩平八郎《おおしおへいはちろう》、吉田松陰、高杉晋作、西郷隆盛《さいごうたかもり》、河井継之助など討幕派・反政府派の行動原理となり、明治に入ってからは反政府の自由民権派の流れにつながっています。（加地伸行著『大人のための儒教塾』中央公論新社等より）

伊藤仁斎は、本場の中国（および朝鮮）において儒教の主流となった朱子学を否定し、孔子・孟子の教えに返る「古義学」を提唱しました。「古義学」は何より「孔孟の本旨」を明らかにしようとするものであり、仁斎は、宋の時代に朱子によって大成された宋学は高遠で、思弁的な儒教の体系であるが、孔子・孟子の本来の意思、教説からはずれた邪説であるとしました。

仁斎は、『論語』を「最上至極宇宙第一の書」とし、孔子の卑近な日常の言行録であるが、その実践こそが聖人の道であるとしました。日常の経験世界を超越したところに「理」の支配する高邁な真実の世界があるとする朱子学の大系を仁斎は虚妄であるとし、こうした形而上学の体系は道徳の荒廃を招くと主張しました。

仁斎は「理」ではなく、「仁」を道の基本におき、「仁」は「愛」以外の何物でもないとします。仁斎の思想の根底にあるのは、人間をあくまで「活物」とみる人間観で、朱子学の「理」を「死物の条理」とし、人間を含めた宇宙を「活物」あるいは「運動体」とみたのです。仁斎は、「生々的天地観」という新鮮な自然観を近世社会に提示しました。人倫日用の立場を重視し、平明な実践の学を提唱する仁斎は日本の儒学に新しい展開を示しました。

伊藤仁斎

（参考文献：中野剛志著『日本思想史新論』筑摩書房〈中野剛志氏は、仁斎の日常生活における実践を尊重する「プラグマティズム」こそ、仁斎の思想の重要な到達点であるとしている〉、吉川幸次郎著「仁斎東涯学案」『日本思想大系33　伊藤仁斎・伊藤東涯』岩波書店、相良亨著『伊藤仁斎』ぺりかん社）

〈参考〉明治維新後の中国、韓国の儒教の変化

①日本の儒教は、朱子学一辺倒の韓国、科挙制度によって法治の流れが強まった中国の儒学と異なった流れにはありますが、基本的には孔子に発する儒教として東アジア文化の共通理解につながる要素があります。明治維新を見た梁啓超《りょうけいちょう》の改革運動（変法自強）や辛亥革命の孫文《そんぶん》、黄興《こうこう》などの国づくりの基本には、日本近代化に果たした陽明学の影響に着目した新しい動きが見られました。

②韓国も朱子学一辺倒の二千年の歴史の中で、朴殷植《ぱくうんしく》等による陽明学運動も生じました。（姜在彦著『朝鮮儒教の二千年』講談社）

文化大革命で中国の儒教は消滅しましたが、最近儒教復活の機運が急速に高まっています。覇権と統治のために荀子に学ぶ儒教の復活も危惧されますが、国内に「万物一体の仁」の陽明学の思想が芽生えている傾向も見られます。

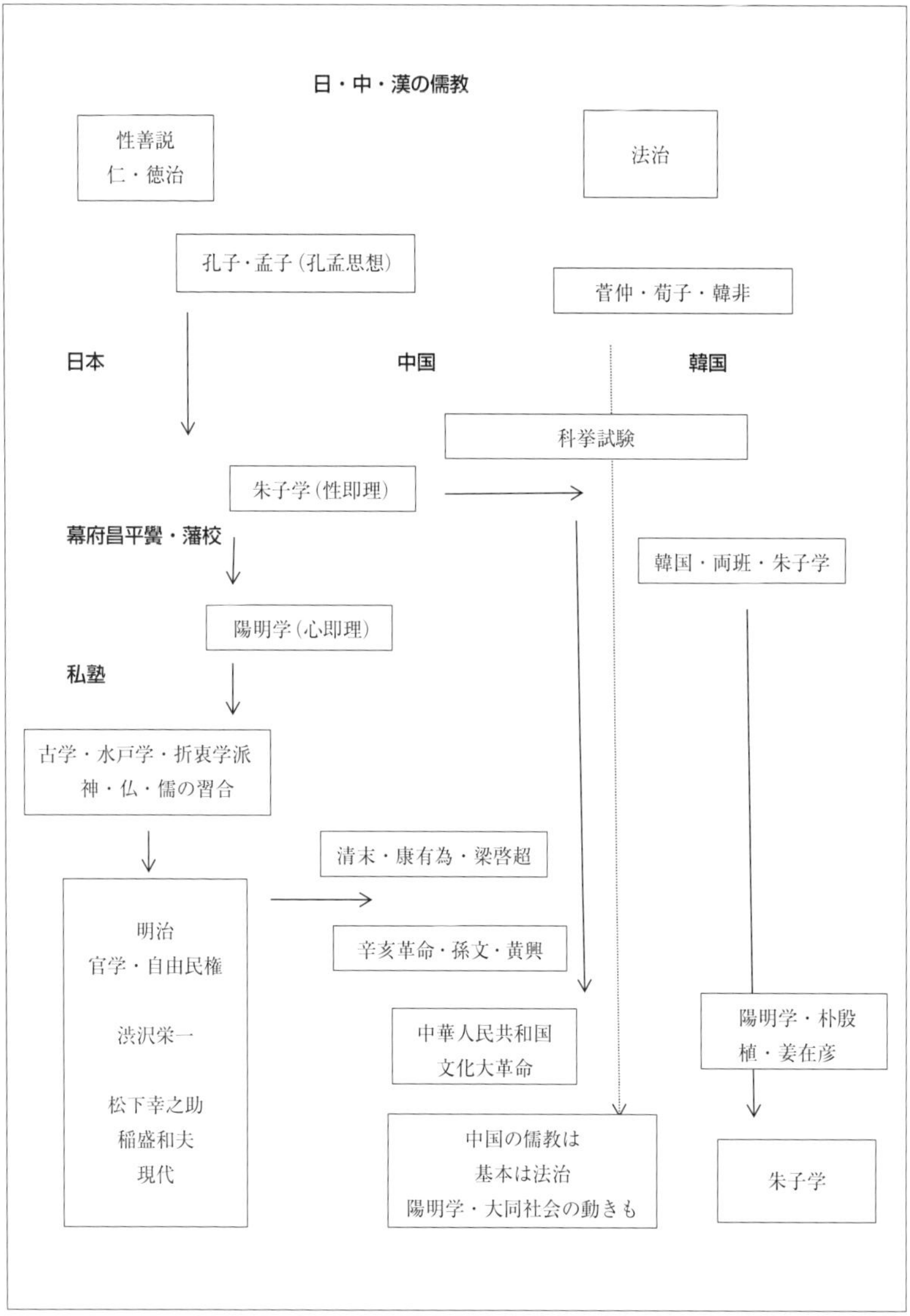
日・中・漢の儒教
性善説
仁・徳治
法治
孔子・孟子（孔孟思想）
菅仲・荀子・韓非
日本
中国
韓国
科挙試験
朱子学（性即理）
幕府昌平黌・藩校
韓国・両班・朱子学
陽明学（心即理）
私塾
古学・水戸学・折衷学派
神・仏・儒の習合
清末・康有為・梁啓超
明治
官学・自由民権
渋沢栄一
松下幸之助
稲盛和夫
現代
辛亥革命・孫文・黄興
中華人民共和国
文化大革命
陽明学・朴殷
植・姜在彦
中国の儒教は
基本は法治
陽明学・大同社会の動きも
朱子学

V章　日常の生活習慣がつくり上げる「日本のこころ」

——マンガ・アニメ・働き方・年中行事・礼・和食・女性活躍

〈視点〉

これまで、「日本のこころ」の源流について掘り下げて考えてきましたが、これからは、「日本のこころ」がどのような分野で具体的に発揮され、生かされ、残されてきたのかについて、社会活動の諸側面にわたって見ていきます。

まずは、私たちの日常の生活についてです。

日本のマンガ・アニメは、世界の人たちに好まれ、その愛好者が増えています。『北斗の拳』や一連のジブリ作品などが、世界中の子どもたちに人気があるのはなぜでしょうか?

日本人の働き方改革が進められています。働き過ぎで自らの健康や家庭にまで害を及ぼすことは改めるべきですが、働くことが生きがいであり勇気や元気の源である、そして遊びや楽しみにもつながる日本人の働き方は、単純に経済学的な生産性基準（生産物÷時間）のみで評価されても良いのでしょうか?

毎年の年中行事に、家族と一緒に参加していますか? 行事は「日本のこころ」とはどのような関係があるのでしょうか?

剣道や合気道などの武道や書道、お茶、華道などの芸道は、礼に始まって礼に終わると言われます。なぜそんなに礼を重んじているのでしょうか?

和食の文化は、無形文化遺産となり、世界から注目されています。「日本のこころ」とはどのような関係があるのでしょうか？

日本の社会では女性はどのような位置づけにあるのでしょうか？　文学での「たおやめぶり（手弱女振）」とは？　財布のひもを握っている女性、家族の中では男性以上に重視されている女性、しかし、社会での活躍にはハードルがある女性の地位を考え、「日本のこころ」との関係を考えてみましょう。

◆世界が注目するマンガ・アニメの「日本のこころ」

『北斗の拳』『進撃の巨人』等の日本のマンガのリーダーの姿が、なぜ世界の人々のこころに響くのか、『鉄腕アトム』『ブラック・ジャック』『ルパン三世』がなぜ、世界で評価されるのか。そこから「日本のこころ」の在りかを再確認してみましょう。

まずは、日本マンガの実態から。

日本マンガは、発行部数が聖書のそれに匹敵するほど多く、世界中で読まれています。

日本のマンガの販売トップは『ワンピース』で四億八千万部売れています。以下、『ドラゴンボール』二億六千万部、『ナルト』が二億五千万部、『名探偵コナン』が二億三千万部、『鉄腕アトム』や『北斗の拳』も一億部と、世界ランキングで日本マンガ十七銘柄が発行部数一億部を超えています（二〇二〇年十月、漫画全巻ドットコム調べ）。これは世界の小説業界全体の発行部数に匹敵する部数です。

単体で世界の小説の発行部数をはるかに超える聖書にも、日本全体のマンガ発行部数が匹敵するのではないかという考察があります。

最近のブームと言われる『鬼滅の刃』のストーリーは、「鬼」が存在する大正ロマンのような世界観になっており、鬼になってしまった妹を元に戻すために主人公が次から次へと襲ってくる敵や試練に立ち向かう話。敵を倒す時に、主人公が使うのが修行の末に得た「水の呼吸」と呼ばれる境地で、ちょっと禅に通じるものがあります。

海外も日本も、歴史をたどればマンガの起源は古く、日本では法隆寺にその痕跡があるとも言われ、海外ではエジプトの壁画にそれを求める人もいます。また日本では鳥獣戯画などが有名。日本のマンガは、貴族階級の注文で作られた西洋絵画に比べ、エリート文化・ハイカルチャーではなく、サブカルチャーとして始まり、階層を超えて自由に描かれていました。

近代のマンガにおいて欧米のものは風刺漫画が主流だったようです。日本でも風刺漫画は盛んですが、滝沢馬琴《たきざわばきん》の『南総里見八犬伝《なんそうさとみはっけんでん》』や江戸時代に盛んに発行されていた物語・伝奇ものなど、どちらかというとストーリー表現をするために、近代マンガの原型のようなものが出来上がってきたようです。自然に日本のマンガの方が、ストーリーも多彩で物語の奥行やキャラクターも奥深いものになったのかも知れません。また日本のマンガは、個人の思想や感情の発露である部分も大きく、プロに限らず、アマにとっても、ひいては今の若い日本人全体にとって、マンガは自分を表現する手段のひとつとなっています。

テーマはヒーローもの、サスペンスもの、恋愛ものから人間性を深くえぐったもの、またその複合タイプなど、海外に比べて非常に多彩です。日本におけるドラマや映画の原作に多数採用され、大人の鑑賞に堪えていることを考えると、内容も質的に高度なことが窺えます。

アメリカではアベンジャーズシリーズなど、アメコミ（アメリカンコミック）を原作とする映画が製作され、日本でも大ヒットしています。こちらも内容は深く、政治風刺や人間関係の複雑さ、ストーリーの奥深さや世界観は素晴らしいですが、ただ、アメコミはマンガ発行会社ごとに世界観が統一的に設定され、マンガ家は個人の自由で描くことはできないようです。日本と違って、会社の組織としてマンガをプロジェクトとして制作しているので、製品であって、日本でのような自由さはないようです。

それでは、マンガ・アニメで日本人は何を求めているのでしょうか？

自分探しの要素が大きいでしょう。自分が惹きつけられた題材を、様々な表現で反復して味わった結果、自身で何かを得ているのではないでしょうか。また、出版元で同じ題材で小説・マンガ・

アニメが発売されると、さらに、ファン層が二次創作としてマンガや小説を制作します。この辺がマンガ文化とされる所以です。日本のマンガに触れた海外の人にも、同じ魅力となって受けとられているのかもしれません。

「日本のこころ」は文字での説明や解説が難しく、感性、直感に訴えてはじめて理解される部分も多く、文字からの飛躍が必要ですが、その意味で日本のマンガ・アニメは、「日本のこころ」の底にあるものを、他の表現には見られない喚起力と強烈な直截性をもって引き出してくれると言えます。

『鬼滅の刃』『鉄腕アトム』『北斗の拳』『進撃の巨人』『アンパンマン』『ブラック・ジャック』は、利他的な慈悲のこころや自己犠牲をテーマにする部分が大きく、また、『ルパン三世』はチームワークの面白さも描いています。日本のマンガ家が描く作品には、シリアスに限らずたとえコメディでも、ふと作者の人生観、生活観、世界観がのぞくことが多く、世界の人にとっても、日本文化の背景にあるこころに触れ、読者の共感を呼び、自身の魂や生き方に及ぼす影響が少なくないと思われます。（以上、マンガ家の silversnow 氏や研究会の議論による）

◆労働・生活の位置づけと働き方改革

ＡＩの進展で、働き方改革が求められています。日本における労働観が問われている問題です。個人の生活においても、企業の従業員にとっても、労働の時間は生活の時間のための必要悪の時間ではなく、労働と生活とを区分けせず、両者が一体化したものとして労働に従事する価値を感じる人が多いのではないでしょうか。

例えば、日本の場合、事業主（特に小規模企業の経営者）や従業員にとっては、事業は経済活動であると同時に生活活動そのものでもあります。事業の生産性を高め、金儲けだけの場にするために、職場から遊びや喜び、楽しい生活の要素を削ってしまっては、やる気や働く勇気を失わせることにもなり、総じて国民経済にとってプラスとは考えられません。チャーチルの名言のひとつに「金を失うのは小さく、名誉を失うのは大きい。しかし、勇気を失うことはすべてを失う」とあります。働く者の勇気は、日本の産業の大きな底力となっているのです。

幕末に日本人の生活を見た一外国人は、「きっと日本人は（数世紀の長い間）主な仕事は遊びにしていたのではないでしょうか」と記録しています。

労働の時間は人間が生きがいを感じる価値ある時間であり、そのあり方は労働時間当たりの生産量で産業の競争力を図る生産性基準のみで評価されるべきではないという気がします。生産性を上げるために一義的に労働時間を短縮し時間当たりの生産性を高めれば足りるとする「働き方改革」の方向には、多くの日本人は違和感を覚えるのではないでしょうか。

働き方については、家族や地域との関係を犠牲にするような長時間労働は行き過ぎですが、多くの日本人は働く時間を報酬獲得のための必要悪の時間とは考えていません。働くことを喜びとし、組織への貢献を自らの勇気と生きがいを発揮する機会と考えています。職場の関係を疑似家族として仲良く働いている人たちのことを考えると、メンバーシップ型を否定しジョブ型への全面転換を急いでいるように見える雇用の改革にも、一定のバランス感覚は必要ではないでしょうか。

◆日本の年中行事

「日本のこころ」が最も自然に表れているのは、習慣化している年中行事です。「日本のこころ」を最もよく理解し身につけるに適した機会は、高邁な宗教や哲学、芸術の学びの場だけではなく、無意識に行う年中行事での日常行動なのです。

とりわけ重要なのが、正月、お節料理、節分、桃の節句、端午の節句、衣替え、七夕、お中元、お盆、十五夜、秋祭り、お歳暮、大掃除、除夜の鐘などの年中行事でしょう。同じ年中行事でも、イースターやハロウィーン、クリスマスなどの宗教からきた行事ではなく、ひとびとが自然の中で生活を営む際に次第に形成され、共有されてきたものと言えます。七五三、成人式、和式の冠婚葬祭なども含め、これらの行事には、日本人が自然を愛し、季節の移ろいを愛で、仲間への思いやりと連帯を確認し、祖先への想いを確認したいという気持ちが込められています。

『さるかに合戦』『花咲じいさん』『因幡の白兎』などの日本の昔話（童話）。『春の小川』『海』『里の秋』『雪（ゆきやこんこ）』など、春夏秋冬の季節を歌い、『一月一日』『ひなまつり』『こいのぼり』など、年末年始・お正月、桃の節句、端午の節句をテーマとした日本の童謡。また民話や民謡なども、情緒あふれた「日本のこころ」を育むものとして現在まで残されています。

◆掃除・片付けの文化、礼儀の文化（形から入ってこころを整える）

今、世界的に人気の高い近藤麻理恵（こんまり）の『人生がときめく片づけの魔法』（サンマーク出版）は、二〇一〇（平成二十二）年末に出版、ミリオンセラーとなり、著者はアメリカの雑誌『ＴＩＭＥ』の「世界で最も影響力のある一〇〇人」に選ばれました。

欲望を断ち切って、思い切ってものを捨てる精神は、断捨離という仏教的な行動様式につながるもので、日本の社会の中にはある程度定着しています。

精神は行動様式となって社会の中で形として現れ、型となって継承されていくものでもあります。

教育における掃除の奨励（例えばトイレ掃除）は、学校だけでなく、企業の現場の活動として今でも日本の組織に定着しています。企業の場合は、５Ｓ（整理、整頓、掃除、清潔、しつけ）運動が、日本発の経営管理手法として高く評価され、国内だけでなく世界に普及しています。

礼儀正しさは、整頓された「日本のこころ」のひとつの側面です。十六世紀にヨーロッパへ派遣された日本の四少年（天正遣欧少年使節）の身のこなしは、整ったこころの証と受け取られ、日本が当時のヨーロッパに勝る文明国であることを示して、世界に一大センセーションを起こしたことがあります。その伝統は礼儀作法の型となり、例えば小笠原流礼法として今日につながっています。茶道や香道など男性と共に多くの女性が中心的に担って来た芸道の形（型）に、「日本のこころ」が息づいているといえましょう。

◆和食と「日本のこころ」

二〇一三（平成二十五）年十二月、「和食：日本人の伝統的な食文化 ―正月を例として―」は、ユネスコの人類の無形文化遺産の一覧表に登録されました。一覧表では、「和食」を料理そのものではなく、「自然を尊ぶ」という日本人の気質に基づいた「食」に関する「習わし」と位置付けています。

日本の国土は南北に長く、海、山、里と表情豊かな自然が広がっているため、各地で地域に根差した多様な食材が用いられています。また、素材の味わいを活かす調理技術・調理道具が発達しています。

一汁三菜を基本とする日本の食事スタイルは理想的な栄養バランスと言われています。また、「うま味」を上手に使うことによって動物性油脂の少ない食生活を実現しており、日本人の長寿、肥満防止に役立っています。とくに高温多湿の日本で発達した「発酵食品」（納豆、醤油、味噌、漬物、鰹節など）は、旨みや味を良くし、長期保存を可能にし、そして何よりも免疫力を高め健康を守る和食の代表的な食材です。

食事の場で、自然の美しさや四季の移ろいを表現することも特徴のひとつです。季節の花や葉などで料理を飾りつけたり、季節に合った調度品や器を利用したりして、季節感を楽しみます。日本人の食文化は、年中行事と密接に関わって育まれてきました。自然の恵みである「食」を分け合い、食の時間を共にすることで、家族や地域の絆を深めてきました。（以上、〈一社〉和食文化国民会議のホームページより）

和食が「日本のこころ」を支える食文化である点を、懐石料理を例に見てみましょう。

懐石料理は、本来は、濃茶を飲む前に胃に負担をかけないためにする軽い食事のことです。禅の冬の修行の際に、温めた石を布に巻いて懐に入れて寒さと飢えをしのいだことからこの名がつけられました。

現代では高級な料亭での料理のように誤解されていますが、元来特別に贅沢なものではなく、一汁三菜の献立で、亭主自ら走り回って調達・調理をして出す心のこもったご馳走です。運ばれても食べ始めずに、皆で揃って一緒に椀の蓋を開けていただくなど作法があって、命ある食物をいただく気持ちを重視し、食事を感謝しながら丁寧にすることで、茶道の精神である「一期一会」につながるこころを重視しています。（一宮庵・齋藤文恵氏のお話）

◆日本文化の「ますらおぶり」と「たおやめぶり」

江戸時代の国学者賀茂真淵《かものまぶち》と本居宣長《もとおりのりなが》は、『万葉集』と『古事記』の研究を通して、それぞれ日本文学における「ますらおぶり」と「たおやめぶり」として評価しました。

賀茂真淵は、『万葉集』を研究した結果を『万葉考』に残し、男性的でおおらかな様（ますらおぶり＝荒益男振）を良しとしました。一方、本居宣長は、『古事記』と『源氏物語』を研究し、その結果を『古事記伝』と『源氏物語玉の小櫛』に残し、女性的で優雅な様（たおやめぶり＝手弱女振）を良しとしました。

国学者の流れは、仏教と儒教を外来のものとして見、平田篤胤《ひらたあつたね》は仏教と儒教を徹底的に排除しました。平田篤胤の思想である復古神道は幕末の尊王攘夷運動につながっていったと見られています。司馬遼太郎はドナルド・キーンとの対談本『日本人と日本文化』（中央公論社）の中で、日本人の「ますらおぶり」と「たおやめぶり」について語り、同氏は、日本人の気質のベースには「たおやめぶり」があると主張しています。手弱女振という字面からは、軟弱、優柔不断、内省的などやや否定的なイメージがありますが、同氏はむしろ優れた気質であるとし、その一方、「ますらおぶり」とは、剛直、合理的、決断が早い、男性的となると思うが、何か正しいことを守りぬくという点で、「ますらおぶり」の人はくるっとどこかに転換してしまっているのに、「たおやめぶり」の人は頑固であるとも言っています。

女性的な「たおやめぶり」の懐の深い芯の強さは、単純な男性的な「ますらおぶり」の欠点を超克する、「日本のこころ」の重要な一要素であると見ることができます。

◆日本がめざす女性活躍社会のあり方

日本の社会は、アマテラス（天照大神）以来、女性が社会の中で重要な地位を占めていた事実があります。

長い間、「母系制から父系制へ」の移行と考えられてきた古代日本の家族像については、学説は定着していませんが、中世前期まで続いた男女を問わない均分相続、外戚や女帝の登場、一部に見られた女系による政治的・社会的地位の継承（子の側から見れば、母系の政治的・社会的地位の継承）などから、双系制社会とみる学説が登場して有力視されるに至っています。

一方、家族の中での父親と母親の役割分担については、ギリシャや中東に残るアジア的要素の中で、女性を生命をつなぐシステムの中心に置く思想があり、昨今の数値目標という物差しに頼る画一的な男女平等論とは違った流れが、西洋や世界の潮流に残っていることには留意する必要があります。

理想的なリーダー像について、日本の中央官庁の某幹部が県の部長に出向した時のエピソードとして、次のような話をしてくれました。

「自分が仕えた知事は女性で、政策や人事の判断力や決断力において素晴らしいリーダーだと感心しました。どこの大学で組織管理手法を学んだのか、どこの企業で経験を積んだのか、なぜなのかを本人に聞いたところ、『自分は企業に勤めたこともなく、立派な大学で勉強したこともない。しかし長年の子育てを通じて人間とは何かを良く知ることができた。私の判断はすべて、そこから出ているもの』と回答されました。自分が東京に帰任して、各分野で男性に負けじとバリバリ働くキャリアウーマンを沢山見るが、みな自分と同じ価値観で仕事をしている男性のように感じました」

上記の発言は、一見すると、社会の固定的な価値観の下で仕事一筋でバリバリ働いてきた男性から見た、「男性のクローンではない女性」への期待、その深い人間観や多様な視点・発想への期待の表れに見えますが、その実、自らを含む男性的価値観への反省、今日のリーダーに求められる資質にも関係して、例えば子育てや生活の経験知として得られる人間観や、知識や論理だけでなく、感性、直観、身体智などから獲得する智恵の重要性に気付いたということだと思います。

実際に、家庭を持つ人が社会で活躍するためには、パートナーや伴侶の家庭への参画（あるいは家事労働の外部化〈ベビーシッターや家事サービスの利用〉）が必要不可欠です。上述のとおり、男性自身にとっても、仕事以外の「子育て」という経験が、リーダーの資質を高める可能性は大きいものがあります。男性には、女性活躍のためにも、また自身の新時代に対応する資質向上のためにも、一層の地域や育児を含む「家庭への参画」が必要だということでしょう。

もちろん、婚姻や子育ての経験の有無という枠にとらわれず、様々な価値観や経験値を持つ人々が活躍し、外国人も含め、ダイバーシティを確保することは、社会における価値創造へのエネルギーを高めるものであり、男女の枠を超えた「日本のこころ」の発現のためにも、一層の男性の家庭や地域社会への進出、女性の社会進出の推進が求められます。

Ⅵ章　真のサムライとは？

剣道・弓道・合気道に見る武士道のこころ

〈視点〉

「サムライ」という言葉が、マスコミを通じて、若者の世代に広がっています。しかし、サムライの精神、武士道精神について、どれだけその本質が理解されているのか疑問とされるケースも見られます。サッカーや野球などいわゆる体育会系の世界では、体験を通じて理解は進むと考えますが、報道で見るかぎり、誤解している向きも多いようです。

勝利した後の大声の叫び、喜びの涙や、ガッツポーズは、否定するものではありませんが、サムライの言葉にはなじまないように思います。

なぜだと思いますか?

以下、武士道とは何かについて、本文の解説を読んでみましょう。

サムライのこころは、戦いの荒ぶるこころではなく、まったく逆の静かな平常心、相手を尊重し、思いやるこころ……なのです。武士道は、おおやけのための勇気（公儀）や、勝敗を離れるこころ、相手を思いやるこころ（惻隠の情）がなければなりません。

静かに客席のゴミ掃除をする観客の方が、試合に勝って雄叫びをあげる選手より、よっぽどサムライに近いと言えるのではないでしょうか?

日露戦争の旅順《りょじゅん》開城後の乃木希典《のぎまれすけ》大将とステッセル司令官との関係に、武士道の真髄が見られます。両者の関係は、水師営《すいしえい》の会見という歌になって今日まで記憶されていますが、その内容を以下で見てみましょう。

また、このような武士道が、「日本のこころ」として育ってきた背景には、剣道の古い歴史があるのを知っていますか？

剣豪は、小説やドラマの主人公として多く扱われていますが、その中で現在でも「剣聖」として名高いのは、戦国時代の上泉伊勢守信綱《かみいずみいせのかみのぶつな》と塚原卜伝《つかはらぼくでん》です。

上泉伊勢守が育った背景、その考え方の中に、「殺人刀《せつにんとう》」よりも「活人剣《かつにんけん》」を重視する「日本のこころ」が培われてきた過程を学んでみましょう。なぜ、剣道やその他の日本武道が、「日本のこころ」を体化する人間形成の道であるかについて、理解が進むと思います。

◆武士道とは何か

新渡戸稲造《にとべいなぞう》が一九〇〇（明治三十三）年、アメリカに滞在中に英文で書いた『武士道』という本があります。同書は、武士道について以下のように述べています。

要点を簡単に列挙すると、第一に、武士道の源として、仏教（禅）と神道と儒教（孔子、孟子、王陽明）を挙げています。神・仏・儒が習合する「日本のこころ」と表裏一体の説明です。

その上で、武士道の最高の支柱として「義」から、「勇」「仁」「誠」等々を、章を設けて解説しています。すなわち、

「義」　義は、正しい行い。武士道の最も厳格な規範。卑劣・曲がったことを絶対にしない。

「勇」　勇は、義（正しいこと）を敢えて為すこと。「義をみてせざるは勇なきなり」（孔子）。

「仁」　仁は、惻隠の心、愛、寛容。

「誠」　誠は、誠意をもって言《こと》を成すこと（武士に二言はない）。また、誠は真言《まこと》である。信実であり、誠実であること。

「名誉」　名誉は、高潔さの維持。武士は名誉心を少年の頃から徹底してたたき込まれた。そんなことをして恥ずかしくないのかと。

「忠義」　武士道は、主君に対する忠義を重んじたが、主君は「公」と同義であるとの認識があった。生身の主君に迎合するだけでは忠臣ではなく、佞臣《ねいしん》と蔑まれた。

「武士の教育」　武士の教育の第一は、「品性」をたてることにあって、思慮、知識、弁別等の知的才能は重んじられなかった。

「克己」　喜怒哀楽の感情を厳しく抑えるストイックな精神。金儲けを忌み嫌い（武士は食わねど高楊枝）、無償の実践を重視した。

「女性の教育と地位」　武士道における女性の理想は家の名誉と体面を維持し、家庭に奉仕するこ

と。奉仕と自己犠牲が武家の女子の基調であるが、妻として、母として高い尊敬と愛情を受けた。

「武士道の感化」　武士道は武士階級のノブレス・オブリージュであったが、次第に大衆の間に酵母として作用し、庶民を含む万民の道徳的標準となった。

という内容です。（以上、新渡戸稲造著『武士道』三笠書房より）

「仁」の要素である、勝って驕らず敗者をいたわる惻隠の情の現れた事例を幾つか見てみましょう。最近では、二〇一八（平成三十）年の平昌《ピョンチャン》冬季五輪スピードスケート女子五〇〇メートルで、ライバルとして金メダルを争い、レース後に互いの健闘をたたえ合った小平奈緒と韓国の李相花《イサンファ》、また同年の全米オープンテニス女子シングルス決勝の大坂なおみとアメリカのセリーナ・ウィリアムズの間でも、相手を称えあう美しい場面が見られました。

乃木大将と水師営の会見

日露戦争にて乃木大将率いる第三軍は、五ヶ月にわたり約六万人の死傷者を出す激闘の末、旅順要塞を開城させました。一九〇五（明治三十八）年一月一日、旅順要塞司令官ステッセル中将は降伏。五日、乃木大将とステッセル将軍による会見が水師営郊外の民屋にて行われました。

会見に先立ち、明治天皇は山縣有朋《やまがたありとも》を通じて、乃木に対し「将官ステッセルが祖国のために尽くした功を嘉し給い、武士の名誉を保たしむべきことを望ませらる」との聖旨を送りました。これを受けた乃木は、敗軍の将に恥辱を与えてはならないと帯剣を許し、従軍記者たちの要請にもかかわらず、たった一枚の記念写真しか撮影させなかったのです。会見場で乃木はステッセルにロシア軍の守備の頑強さを称え、対するステッセルは日本軍の武勇と乃木将軍の不撓不屈の精神を激賞しました。またロシア皇帝に対する電奏の送達を感謝し、自己と部下将卒に対する明治天皇の寛

水師営の会見

大なる待遇を感謝しました。

しばし歓談の後、ステッセルは姿勢を正し、乃木がこの戦で息子の勝典《かつすけ》、保典《やすすけ》二子を喪ったことに「閣下の御心境いかばかりか」と哀悼の意を述べました。これに対し乃木は「二人の息子がそれぞれに死処を得たことを喜び、これぞ武門の面目である」と応えました。両将は日本側の用意した昼食をとりつつ、つい数日前まで激闘を繰り広げた仇敵同士とは打って変わり、和やかな雰囲気で懇親し、「昨日の敵は、今日の友」の関係となりました。ステッセルは今日の記念に自分の愛馬を乃木に贈りたいと伝え、乃木はこれを謝し、軍の手続きに従い他日、自分の手元に来た

時には永く大切に労りたいと応じました。会見は二時間続きました。ステッセルは会見後、幕僚に「自分がこの半生のうちで会った人の中で、将軍乃木ほど感激をあたえられた人はいない」と語ったといいます。

乃木は一月十三日旅順要塞に入城し、翌十四日、旅順攻防戦にて戦死した将兵を弔う招魂祭を挙行。自ら起草した祭文を涙ながらに奉読しました。

日露戦争終結後、ステッセルはロシア本国にて旅順開城の責任を問われ、軍法会議に掛けられ、死刑を宣告されました。これを聞いた乃木は、元第三軍参謀の津野田是重《つのだこれしげ》少佐にステッセルを擁護するよう依頼。津野田少佐は、旅順開城がやむを得ざるものであったことを綿密に論証し、パリ、ロンドン、ベルリンの各新聞に投稿しました。そのかいあってかステッセルは死刑から免れました。

ステッセルは特赦後、モスクワ近郊の農村で静かに余生を送りました。生活に困窮したステッセルに、乃木は名前を伏せ、しばしば少なくない金額を送ったといいます。

明治天皇崩御を追って乃木が殉死した際、ステッセルはモスクワの一僧侶と記した弔慰金を送りました。

黒田清隆・西郷隆盛と庄内藩

庄内藩は徳川四天王の一人、酒井忠次《さかいただつぐ》を藩祖とする譜代大名です。幕末騒乱の折、江戸市中見廻り組（新徴組《しんちょうぐみ》）を担当して勤皇浪士の取り締まりをはじめ、その本拠である薩摩藩江戸屋敷を焼き討ちにしたことがあります。官軍の奥州攻略に当たっては薩軍に大損害を与え、領内に一兵も入れませんでした。しかしながら大勢利あらず、庄内藩も降伏のやむなきに至りました。こうした経緯から、藩主はじめ重臣より藩士に至るまで、過酷な処置を受けるだろうと覚悟していたのですが、降伏会談の席上、示された条件は思いのほか軽いものでした。

藩主は蟄居《ちっきょ》謹慎、藩士も謹慎を命ぜられましたが、帯刀お構いなし。大砲数門のみ接収してその他の武器弾薬は藩重役預かりというものでした。しかも占領軍の薩軍宿舎は表戸と窓を閉ざし、市内の通行自由を許された庄内人士に肩身の狭い思いをさせなかったほど徹底したものでした。

黒田清隆
（国立国会図書館ウェブサイト）

藩主と降伏会談を終えた薩軍参謀黒田清隆《くろだきよたか》は、対等に腰かけていた席を降り、敗軍の将である藩主に対して、「戦いに勝敗あるは兵家の常とは申せ、御心中推察申し上げます。大命により任に当たりましたが、野人は礼にならわず、失礼の点は重々御容赦いただきたく存じます。現下の日本の情勢を察し、これからは心をひとつにして天朝様に忠義を尽したく存じます」と、一体どちらが勝者かわからないような遜《へりくだ》った態度で接しました。

「老子」の「戦いに勝ちては、喪礼を以って之に処《お》る」（戦いに勝ったものは、驕ることなく、喪に服するように恭謹の態度で敗者に対応しなければならない）。この薩軍の処置が、最悪を覚悟していた庄内藩主をはじめ藩士、領民に感銘を与えました。庄内藩家老・菅実秀《すげさねひで》は一八六九（明治二）年に上京し、黒田清隆に面会して深く謝意を表したところ、黒田は「イヤ、あれは自分がやったのではない。親父の指示にしたがっただけだ」とのことで、一連の処置が西郷隆盛の考えによることが明らかになりました。しかしその時、西郷は薩摩に帰っていて、会うことができなかったのです。

この事情を知った庄内藩では、一八七〇（明治三）年十一月に家督を継いだ藩主酒井忠篤《さかいただずみ》（十八歳）以下七十余名が薩摩に赴き、百余日にわたり留学し訓練を受けました。西郷は、庄内藩に対して絶えず気にかけ、一八七二（明治五）年には藩主忠篤を、翌明治六年には弟の忠宝《ただみち》をドイツに留学させています。

西郷が一八七三（明治六）年、政変に敗れて帰郷した後も子弟を次々に私学校に留学させ、一八七五（明治八）年までにその数十九名。最後の留学生である伴兼之《ばんかねゆき》（十八歳）と榊原政治《さかきばらまさはる》（十六歳）は、薩摩士族の決起に際し、西郷や私学校監督の篠原国幹《しのはらくにもと》から庄内藩に帰国するよう説得されましたが応じようとせず、薩軍に従軍して戦死しました。

一八八九（明治二十二）年、大日本帝国憲法発布に伴い、西郷の賊名が解かれ、上野公園に銅像が建設されました。菅実秀は、西郷の記録や記憶を集めて『南洲翁遺訓《なんしゅうおういくん》』を編纂させました。

（参考文献：渡邉五郎三郎著『南洲翁遺訓の人間学』致知出版社）

連合艦隊司令長官・伊東祐亨《いとうゆうこう》と敗将清国北洋艦隊提督・丁汝昌《ていじょしょう》

日清戦争において海軍にて勝敗の帰趨を決めたのが、一八九四（明治二十七）年九月十七日の黄海《こうかい》海戦でした。連合艦隊の主力艦「松島」「厳島」「橋立」は排水量約四二〇〇トン、対する清国北洋艦隊の主力艦「定遠」「鎮遠」は排水量約七〇〇〇トンと倍近い相手です。

当初、世界の大方の予想では清国北洋艦隊の勝利と思われたのですが、それを覆し、北洋艦隊は四隻が撃沈、一隻が擱座《かくざ》自沈したのに対し、連合艦隊は二隻大破、二隻中破と、伊東祐亨司令長官率いる連合艦隊の圧倒的勝利でした。この海戦で日本海軍は黄海の制海権を得、旅順港を一日で落としたため、北洋艦隊は山東半島の威海衛《いかいえい》に逃げ込みました。威海衛は北洋艦隊の根拠地で、そこに水雷艇隊が夜襲をかけ、清国艦艇を次々に葬り去りました。

伊東長官は戦前、威海衛を二度訪問したことがあり、その際、北洋艦隊の丁汝昌提督から歓迎を受けたことがあります。その後、丁提督が北洋艦隊と共に日本を訪問した際には、伊東が丁を歓待。二人は日清それぞれの海軍育ての親ともいえ、二人は打ち解け、肝胆相照らす友人となっ

伊東祐亨
（国立国会図書館ウェブサイト）

丁汝昌

ていました。

　伊東長官は威海衛の丁汝昌に対し、異例ともいえる内容の降伏勧告文を送りました。

「時局の移り変わりは、不幸にも僕と閣下をして互いに敵となるに至った。しかしながら、僕と閣下との友情は依然として昔日の温かみを保っているものと信ずる。（中略）いま貴国は老朽化しているが、これを立て直すのは一朝ではいかない。一艦隊の存亡などたかが知れている。小さな節操は捨て、しばらく日本に亡命し、時節を期してはどうだろうか。そのうち貴国が閣下を必要とする時が到来するだろう。僕は日本武士の名誉に誓って請け負う」

　それから十数日後、隷下軍隊の不穏な空気に絶望した丁は、降伏を決意。伊東宛に「全ての艦船と砲台兵器を献ずるので、兵員を帰還させてやってほしい」との降伏文書を提出。伊東はこれを了承。丁に葡萄酒、シャンパンを一ダース、干し柿を贈りました。しかしその時、すでに丁は毒をあおいで自決していました。

　伊東は北洋艦隊の使者から丁の亡骸をジャンク船で運ぶことを聞くや「いかに敗軍の将とはい

え、丁提督はアジアにその名を知られた北洋艦隊の司令官である。その棺をジャンク船で運ぶとは何事か」と一喝。当初、没収予定だった輸送船「康済号」に乗せて送るよう命じました。

丁の遺体を乗せた「康済号」が威海衛から出港する時、旗艦「松島」は弔砲を放ち、連合艦隊各艦は半旗を掲げ、全将士は舷側に整列して敬礼する登舷礼式で見送りました。伊東は敵の提督に最大の弔意を払ったのです。

北洋艦隊消滅の知らせを聞いた光緒帝《こうしょてい》は怒り、丁汝昌の財産を没収し葬儀も許さなかったといいます。一方、日本では丁の死が伝えられるや、勝海舟《かつかいしゅう》は「海外における一知己」という漢詩を作り、樋口一葉《ひぐちいちよう》は「中垣の　隣の花の散る見ても　つらきは春の嵐なりけり」と詠み、その死を悼みました。

（参考文献：神川武利著『士魂の提督　伊東祐亨』ＰＨＰ研究所）

佐久間勉艇長

一九一〇（明治四十三）年、海軍の第六潜水艇は山口県新湊沖で訓練中沈没して佐久間勉艇長以下十四名の乗組員全員が殉職しました。引き揚げられた艇内から佐久間の遺書が発見されましたが、その内容が発表されるや国内外から大きな反響を呼びました。

殉職した乗組員は、ほぼ全員が自身の持ち場を離れず死亡しており、持ち場以外にいた乗組員も潜水艇の修繕に全力を尽くしていました。佐久間自身は、艇内にガスが充満して死期が迫る中、遺書を書き、明治天皇に対して潜水艇の喪失と部下の死を謝罪し、続いてこの事故が潜水艇発展の妨げにならないことを願い、事故原因の分析を記しました。

佐久間勉
（若狭町教育委員会所蔵）

武士道の根底にある美意識

武士道に一貫するものは美しく振る舞うこと、美しく振る舞う精神、そして美意識があります。武士道は品格を重んじ、その品格は内面の精神性とともに、行動の美しさが伴うべきものでした。礼と作法はこうした行動の美しさを凝縮した「型」でもあります。

武士道は利を捨てて義を取った。それが論理的に正しいからではなく、そうするのが気高く、美しいことだからでした。

武士道はどう行動すべきかを考える時、正しい判断は「清明なこころ」によってなされると考えました。こころが濁っていたら正しい判断はできない。ゆえに、多くの武士道書において、「武士道を心がける者は清明の境地を得ることが大切で、およそ義とするものは清明の中から来る」と、こころの清明の重要性を説いています。武士道の根底には神道的な清浄、清明の美意識があるとも考えられます。

武士道の嗜みの中には、文化的な美しさもあります。たとえば、和歌や漢詩の創作、辞世の句、作法。源《みなもとのよしいえ》義家（八幡太郎《はちまんたろう》）と安倍貞任《あべのさだとう》とのやり取り「衣の盾はほころびにけり」、太田道灌《おおたどうかん》「七重八重　花は咲けども山吹の　実の（蓑）一つだに　なきぞ悲しき」。

◆剣と禅

剣道について

剣道は、江戸時代までは「剣術」「撃剣」とよばれていました。

剣道の歴史の源は日本刀の出現です。彎刀《わんとう》で鎬《しのぎ》造りの刀は日本独特で、平安時代に出現しました。室町幕府の後半、応仁の乱が始まってから約百年間、天下は乱れました。この頃に剣術の各流派が相次いで成立しています。戦国時代の剣豪、上泉伊勢守信綱は、新陰流の開祖で、現在でも「剣聖」と称されています。

「剣道」の名称が正式に使用されたのは、明治末に剣道が中等学校正科の一部として採用された時で、大正、昭和にかけて「剣道」という名称が定着しました。全日本剣道連盟では一九七五

（昭和五十）年に剣道の理念、剣道とは何かを明確に定義しました。

剣道は、剣の理法の修錬による人間形成の道です。あくまでも目的は人間形成。その手段として剣の理法の修錬があります。剣道連盟は、このような剣道の理念と同時に剣道の修錬の心構えも明らかにしています。読み上げると、「剣道を正しく真剣に学び、心身を練磨し、旺盛なる気力を養い、剣道の特性を通じて礼節を尊び、信義を重んじ誠を尽くして、常に自己の修養に努め、以って国家社会を愛して、広く人類の平和繁栄に寄与せんとするものである」とあります。

剣道と他のスポーツを比較すると、剣道の「一本《イッポン》」を取る、勝敗を決めるのは瞬間ではありません。試合審判規則に書かれているのには、「有効な一本とは、充実した気勢、適正な姿勢を以て竹刀の打突部位を刃筋正しく打突し、残心あるものとする」ということ。したがってガッツポーズなどすると取り消されます。スポーツ競技を見ていて残念に思うのは、武道でないオリンピックの種目で、勝った時に床に転がって喜びを表すのは余りにも相手に対して失礼なことと感じます。オリンピック精神からいっても相手をリスペクトすることが大事だと思います。

このように、日本の剣道は、あくまで人間形成の道であり、単なる勝敗を競うゲームではありません。その意味で、現在、国際剣道連盟という組織があり、世界的に剣道家が多い中で、日本の意見がとおり、オリンピック競技には参加していない状況です。（国際剣道連盟事務総長・佐藤征夫氏のお話から）

剣の真剣勝負には、腕や力だけでは対応できません。正しいこころを保つことがポイントになります。流派にもよりますが、奥義に示されているのは、神道の清明なこころ、禅における拘りのない自由なこころ、大きなこころです。

剣聖・上泉伊勢守信綱

戦国乱世の時代、上泉伊勢守信綱は上野国上泉城（現群馬県前橋市上泉町）で誕生します。骨格雄偉で品格があり、教養が高く文武両道の人物であったと伝えられ、陰流・神道流・念流などの諸流派を学び、奥義を極めて新陰流を創始しました。その品格を慕って集まった弟子は三千人を超え、上泉の流れから柳生新陰流、直心影流、タイ捨《しゃ》流、示現流など各流派が派生します。

上泉の前半生は、一領主として箕輪城主・長野信濃守に仕えます。しかし、武田信玄との攻防で主君が滅ぼされると、武勇を惜しんだ信玄からの招請を断り、新陰流普及の旅に出発します。この決断が敗軍の武将上泉に第二の人生を開かせ、後に「剣聖」と称えられる逸話を残していきます。

新陰流普及のため上京する途中、宝蔵院胤栄《いんえい》を介して柳生石舟斎《やぎゅうせきしゅうさい》と奈良興福寺で立ち合います。三日にわたり三度の試合も石舟斎は勝つことができず、余りの力量の差に弟子となります。上京した上泉は、将軍足利義輝《あしかがよしてる》の前で新陰流を披露して「兵法日本一」の感状を受けています。更に四年後の一五七三（元亀四）年には、正親町天皇《おおぎまちてんのう》の御前で天覧演武を行い、御前机を拝領し、官位も従四位下になります。

上泉は各地で兵法を学ぶ一方、信州伊那の天妙老師などについて禅を学びました。新陰流の技の名称は禅書『碧巌録《へきがんろく》』の中に書かれている言葉から多く引用がされています。また、柳生石舟斎へ渡された影目録には「※牡丹花下《ぼたんかか》の睡猫児《すいびょうじ》、学ぶ者此の句を透得して識るべし」と禅の公案が書かれています。

愛知県一宮市にある妙興寺で禅の修行をしていた時、乱心者が子どもを人質に小屋に立てこもる事件が起こりました。上泉は僧から法衣を借り頭を丸め、握り飯を手に持って乱心者に近づき、腹をすかせている子どもに握り飯を食べさせたいと言って、乱心者が握り飯を取ろうと手をのばした瞬間、乱心者を取り押さえ無刀で対処します。

柳生石舟斎には無刀の課題を与え、石舟斎は工夫により「無刀の位」を開眼して、上泉から一国一人の印可状を授けられます。

上泉は、剣で相手を圧倒して勝つ「殺人刀《せつにんとう》」よりも、人を活かして勝つ「活人剣《かつにんけん》」を重視しました。新陰流は、剣を下段に構える自然体の姿である「無形の位」を本体として、千変万化する相手を観て、その働きに従って相手に応ずる自在の刀法です。最高の勝ちは刀を抜かずに勝つことでしょう。

現代、剣道で用いられる竹刀は、上泉が考案した袋竹刀（割った竹の束を皮袋に入れた竹刀）

がはじまりです。それまでは木刀による稽古であったため怪我が多かったのですが、袋竹刀の発明により怪我の心配なしに実打できる稽古が可能となりました。竹刀には、弟子が怪我をしないように工夫した上泉の慈悲のこころが現れています。

※牡丹花下の睡猫児：牡丹の花の下で猫が寝ているが、無防備に眠っているように見えて、実はまったく隙がない。

柳生新陰流の奥義書

柳生新陰流の免許皆伝の目録の中には、禅の一句「西江水《せいこうずい》」が入っています。中国三大大河のひとつ西江の水を一気に飲みつくした境地を求めたものです。肚に大河を飲み込み、大自然と一体（天地と一体）となって剣を振うということでしょう。

不動智神妙録

沢庵《たくあん》禅師が江戸幕府の剣道指南となった柳生但馬守宗矩《むねのり》に送った剣の極意は「不動智」の一言です。

不動と言っても石や木のように固まらず、逆に、心を一か所に止めないで「動」の極致に置く。こころは何処にも止めなければすべてに働く。凝視や凝心ではなくこころを放つこと、「放心」を求めています。

沢庵禅師

これに近いものとして、以下の禅語があります。

応無処住而生其心（まさに住する処無くして其の心を生ず）

随処作主立処皆真（随処に主となれば立処皆真なり）

宮本武蔵

宮本武蔵は、江戸時代初期の剣術家、兵法家、芸術家で、二刀を用いる二天一流兵法の開祖です。京都の兵法家・吉岡一門との戦いや巌流島での佐々木小次《ささきこじ》郎《ろう》との決闘が有名で、後世、演劇、小説、様々な映像作品の題材になっています。

外国語にも翻訳され出版されている自著『五輪書』には十三歳から二十九歳までの六十余度の勝負に無敗と記載があります。芸術面では国の重要文化財に指定された『鵜図』『枯木鳴鵙図』『紅梅鳩図』をはじめ『正面達磨図』『盧葉達磨図』『盧雁図屏風』『野馬図』など水墨画・鞍・木刀などの工芸品が各地の美術館に収蔵されています。

宮本武蔵

剣ではとくに目付を重視し、「観の目強く、見の目弱く、うらやかに見るべし」と言っています。

直心影流の法定の型

理屈に頼るまえに、代々伝わる「型」から入ることによって、「日本のこころ」の発露を体感することは、古くから重視されてきた真理です。剣道、柔道をはじめ、茶道、華道等々、「道」のつく武道や芸道では、「型」を修することによってはじめて「道」に通じるとの考えから、型から習うことの重要性を強調しています。

直心影流の法定《ほうじょう》の型については、山田次朗吉《やまだじろきち》から加藤完治《かとうかんじ》（農本主義者）、小川忠太郎《おがわちゅうたろう》（剣道家、人間禅師家）に伝わる流れと、大西英隆《おおにしひでたか》（百錬会）に伝わる流れがあります。

加藤完治の孫の加藤達人《かとうたつと》氏は祖父が創設した茨城県水戸市内原にある日本農業実践学園の理事長で、剣道家でもありますが、日ごろ剣道競技に殆ど参加せず型の稽古しかしていなかった自分が、二〇〇四（平成十六）年に剣道七段の昇段試験を合格したのは、坐禅と法定の型の稽古という基本があったからだと自ら述懐しています。（二〇二〇〈令和二〉年一月、人間禅・禅フロンティアでの講演）

氏によれば、剣法は大きな大木で、その根は坐禅であり、幹は型であり、剣道競技は枝葉に過ぎないということです。枝葉だけで幹や根がない剣道は、竹刀の当てっこのチャンバラゲームにすぎないということでしょうか。

捨て身、相討ち、合体が直心影流法定の型の真髄であり、小川忠太郎は「相討ち・合体は坐禅の見性《けんしょう》（悟りの境地そのもの）なり」と言っています。

◆弓道と禅

人類の歴史上、弓矢は狩猟の道具として洋の東西を問わず必ず民族が持っていたものです。その中で、日本の弓の特殊性は、長大な弓の形状にあり、弓を引く形も含めて美的です。古代には弓矢を祭祀の器具として使いましたが、神武《じんむ》天皇の弓矢を持つ姿がそれを象徴しています。

以下、オイゲン・ヘリゲルの『弓と禅』（スティーブ・ジョブズも愛読）によって、弓道と禅の関係を見てみましょう。

阿波研造
（池沢幹彦著『弓聖阿波研造』
東北大学出版会より転載）

明治時代、弓聖と言われる阿《あ》波《わ》研造《けんぞう》範士に、ドイツ人哲学者ヘリゲルが弟子入りしました。ドイツの哲学者らしくロジカルに物を考えて弓道の稽古をするヘリゲルに対し、阿波師範は「無術の道に至る道は容易ではない」「術の無い術とは、完全に無我となり、我を没することである」「あなたは無心になろう

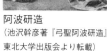

と努めている。あなたは故意に無心なのである。それではこれ以上進むはずはない」と言葉を放ちます。しかし、その言葉に納得できないヘリゲルは「無心になるつもりにならなければ無心になれないでしょう」と返します。射撃の名手でもあったヘリゲルは、射撃の応用で無心に引いたような方法を習得しますが、師範は静かに弓を取りあげ、無言のまま座布団に座ってしまいます。「的を狙ってはいけない。的に中てることはもちろん、その他どんなことも考えてはいけない。弓を引いて、矢が離れるまで待っていなさい。他の事はなるがままにしておくのです」と阿波師範。「中てるとなれば狙わないわけにはいかない」とヘリゲル。

ある日、ヘリゲルは夜一人で道場に来るようにと言われて行くと、暗闇の中、師範が的の前に線香だけ灯して二本の矢を放ち、二本とも的中させました。的に矢を取りに行ったヘリゲルは、不思議な表情で戻ってきます。その手には、一本目（早矢）の矢に二本目（乙矢）が中って引き裂いている矢がありました。この出来事以降、ヘリゲルは質問を止めて一心に稽古に取り組み、師範から免許と弓を贈られてドイツに帰国しました。

阿波師範の言葉です。「的に向かって目を閉じる。すると的の方から近づいて来る。次第に的と一体になる、それは自分と仏が一体になる事です。的は自己の不動の中心にあるから狙う必要はなく、矢を目の前の中心におくだけです」

合気道と禅

合気道は、武道家・植芝盛平《うえしばもりへい》が大正末期から昭和前期にかけて創始した武道です。盛平が日本古来の柔術・剣術など各流各派の武術を研究し、独自の精神哲学でまとめ直した体術を主とする総合武道です。

武理念としては、武力によって勝ち負けを争うことを否定し、合気道の技を通して敵との対立を解消し、自然宇宙との「和合」「万有愛護」を実現するような境地に至ることを理想としています。「和の武道」「争わない武道」「愛の武道」などとも形容され、欧米では「動く禅」とも評されます。盛平の弟子の中には、ヨガを日本に持ち込んだ中村《なかむら》天風《てんぷう》の影響を受けた合気道師範も多く、合気道の精神性重視という気風を次代に継承しています。

植芝盛平
（公益財団法人合気会所蔵）

少林寺拳法と禅

少林寺拳法は戦後の日本において、荒れ果てた社会、夢も誇りも持てない人間の姿をまのあたりにした開祖・宗道臣《そうどうしん》が、一九四七（昭和二十二）年、香川県多度津町《たどつちょう》において〝人づくりによる国づくりの行〟として創始した日本の武道です。自分の身体とこころを養いながら、他人とともに援け合い、幸せに生きることを、禅をベースとして説きつつ、日々の修練では拳技実習のみならず、必ず瞑目・半跏趺坐で坐禅を実施する鎮魂行を行っています。また、指導者は専業を認められておらず、それぞれの仕事を通じて社会でも認められるリーダーとして、後進を無償で指導することが求められています。そのようにして、豊かな社会を築くために行動できる

宗道臣
（金剛禅総本山少林寺所蔵）

真のリーダーたる人財（質の高い人＝国家の財産）を育てることを目指しています。

Ⅶ章　明治維新の立役者の生きざまを支えたもの

——西郷隆盛・勝海舟・山岡鉄舟

〈視点〉

明治維新が世界史的な意味を持つのは、列強の植民地争奪戦の中でアジアの中からそれに対抗する近代国家が誕生したという点等にありますが、ほかに変革に伴う犠牲者の少なさという点でも注目されます。

二百七十年近く続いた江戸時代の日本は、明治維新によって近代国家に生まれ変わりました。同じ近代化を果たしたフランス革命では約五十万人（ナポレオンの戦争の時代を含めると二百万人）の犠牲者を生み、アメリカの南北戦争も六十万人を超える死者を出しましたが、日本の明治維新の死者数は約八千人と言われ、フランス革命や南北戦争に比べて極めて犠牲の少ない政治変革でした。なぜ、日本の近代化がこのような犠牲者の少ない形で達成されたのでしょうか？

その象徴的な出来事が江戸城の無血開城です。錦の御旗を奉じた薩摩や長州中心の官軍が幕府軍の討伐に大軍を率いて江戸に迫り、江戸城を巡る争奪戦が避けられない切迫した事態となりました。その時に、官軍と幕府の間で和解を成立させ、当時百万人が暮らす大都市江戸を惨禍から救ったのが、官軍の西郷隆盛《さいごうたかもり》と幕府方の勝海舟《かつかいしゅう》、山岡鉄舟《やまおかてっしゅう》です。

本文ではまず、三名の誠心誠意の命がけの交渉の経過について、事実関係を見てみましょう。

この三名に共通してみられるのは、禅や陽明学、古神道、武士道等に裏打ちされた、人生観、社会観、世界観であり、公明正大で博愛に満ち、自由闊達でのびのびとした「日本のこころ」です。

次に、このような素晴らしいこころを育んだ生い立ちや修行の過程について、学んでみたいと思います。

◆世界史的意味を有する流血を極力抑えた明治維新の一断面

江戸城無血開城における西郷、勝、山岡

一八六七（慶応三）年　十月　大政奉還
一八六八（慶応四）年　一月　鳥羽・伏見の戦い
二月　東征大総督、京都進発
三月九日　山岡・西郷の会談、駿府
三月十三日　勝・西郷会談（三月十三日と十四日）江戸薩摩藩邸

三月十四日　第二回会談　江戸城進撃中止　西郷帰京
四月十一日　江戸城明け渡し
五月十五日　上野戦争
八月十九日　榎本艦隊脱走
九月　　　　明治に改元
　　　　　　奥羽越列藩同盟、会津藩等降伏

◆江戸城無血開城で示された「日本のこころ」の真髄

西郷隆盛は禅と陽明学、勝海舟は剣と禅、山岡鉄舟も剣と禅によって培われた真我（大我、良知）を中心に据えた「日本のこころ」を発露させ、公益のために自己犠牲を厭わない数々の決断をして、現実の状況から常識では考えられない、世界的にも稀有の江戸城無血開城を実現させました。

この三名の組み合わせなしには、この歴史的事件が無血でまとめられることは有りえなかったと考えられます。三名だけでなく多くの同志の存在も不可欠でした。

三名はいろいろな記録を残していますが、勝海舟は次のように語っています。

「坐禅と剣術とがおれの土台となって後年大そうためになった。（幕府）瓦解の時分、万死の境に出入して、ついに一生を全うしたのは、まったくこの二つの功であった。あの時分、たくさんの刺客に脅かされたが、いつも手取りにした。この勇気と胆力は、畢竟《ひっきょう》、この二つに養われたのだ」（『氷川清話』KADOKAWAより）

◆山岡と西郷の会談

鳥羽・伏見の戦い（戊辰戦争）の翌二月、官軍が徳川慶喜《とくがわよしのぶ》を征討する軍を発したあと、徳川方は内部での議論がもつれ、藩主慶喜の恭順の意を官軍に伝える者がないまま、有栖川宮熾仁親王《ありすがわのみやたるひとしんのう》を東征大総督とする官軍は急進撃を続け、三月五日に駿府に到着、江戸城進撃の日も三月十五日と決まる勢いとなりました。

山岡鉄舟は徳川慶喜に直接面談し、朝廷への恭順の誠意を聞き取って、自ら死を覚悟して一人官軍の陣営に入り、この誠意を言上してくる役を引き受けました。

山岡は西郷を知らなかったので陸軍総裁勝海舟に会い（初対面）、勝も山岡の人物を評価し、薩摩藩士益満休之助《ますみつきゅうのすけ》（薩摩藩焼打ち事件で勝家が保護中）を護衛につけて送りだしました。

六郷川を渡ったところから官軍の先鋒が到達しており、その中を突破、何度か誰何《すいか》されたが奇跡的に駿府まで到達し、西郷と面談することが出来ました。

西郷も山岡の言上を受け入れ、慶喜恭順の意を大総督宮に伝えることを約す一方、城の明け渡し、兵器軍艦の引き渡し、慶喜の処分（備前藩へ預け）等七箇条の実施を求めました。山岡は、他は持ち帰って報告するが、慶喜の処分だけは受けられずと断り、その場での二人の問答となります。

山岡「主君一人を他藩に預けることはできない。恩顧を受けた家臣が納得しない。かならず合戦が起こり西郷先生は単なる人殺しになる」

西郷「朝命です」

山岡「承服しかねる。立場を変えて先生が島津公を差し出せと朝廷から言われて、承諾されるか。君臣の情、義という見地から如何」

西郷はしばし黙然、口を開いて「先生の説はもっともなこと。慶喜殿のことはこの吉之助が確かに引き受け取り計らう」として会談が終了。

通行手形をもらって、山岡らはこの間、誰何《すいか》や発砲を受けながらも無事江戸へ帰還しました。

◆勝と西郷の会談による江戸城明け渡し

徳川慶喜の朝廷への恭順は、勝の建言の結果でもあり、勝を恨み不満を持つ者は幕府側には多かったのです。勝と西郷は以前に一度面談しており、相互に信を腹中に置く関係になっていました。

山岡に示した条件についての判断を聞きに、西郷は駿府から江戸に来て、第一回の会談は三月十三日に江戸高輪の薩摩藩邸で、翌日十四日にはさらに北へ二キロの田町の薩摩藩邸で行われました。江戸城進撃予定は十五日で官軍はさらに江戸に接近しつつある時に、単身敵地に乗り込んだのです。

勝は、主君の恩顧を感じる幕府方の戦意旺盛で江戸全体が戦火に見舞われることは必至であること、仏露英など海外列強がそれを利用しようとしていて、インドや中国の失敗を繰り返してはならないこと等を述べ、会談は長時間に及びました。最後は公平至当な徳川家の処分を願う勝の主張については西郷が引き受け、兵器軍艦の引き渡し等の四条件の骨抜きの主張（勝に委ねられた幕府側の主張）については、江戸城攻撃を中止した後に、西郷側の反論も含めて、勝[※]が現実的な対応をする旨述べて、相互の信頼関係の中で次の西郷の発言で終わりました。

西郷は「これらは自分一人では決められませぬ。明日ここを出立し総督府内で協議する」とし、江戸城攻撃の一時中止を配下に命じたのです。

※官軍側の記録には、幕府首脳からの授権の範囲を超えた首を賭けた勝の譲歩が見られます。勝は死ぬまで「後世の歴史が、狂といはうが、賊といはうが、そんなことは構うものか。要するに、処世の秘訣は誠の一字だ」と沈黙。官側の記録者は勝の「誠」を見たと「実に見事と敵ながら感じいった」と述べています。

◆上野戦争への山岡の行動

西郷は京都で朝廷に報告。最強硬論者の西郷が慶喜助命に転じたことは、驚きをもって受け入れられ、新条件が決定されて、西郷は江戸へ戻り、勝らと最終交渉を妥結させました。四月十一日には慶喜が水戸へ移り江戸城が明け渡され、二十一日に東征大総督が入城しました。官軍に反発する幕臣らは、彰義隊《しょうぎたい》を中心に上野に籠りましたが、大村益次郎《おおむらますじろう》率いる官軍が五月十五日、一日でこれを鎮圧しました。

山岡は、彰義隊に担がれた覚王院義観《かくおういんぎかん》の説得に従事し、日光への退去・謹慎まで話をつけて上申しましたが、彰義隊の動きは統制が効かない状態となり、五月十五日の鎮圧に間に合いませんでした。山岡は鎮圧方針が決まった十四日に、西郷から慰めの言葉を受けました。

◆庄内藩降伏への西郷の対応（Ⅵ章の記載から略述）

奥羽越列藩同盟に参加して官軍との戦いに敗れた庄内藩は、藩主はじめ重臣、藩士に至るまで重い処分を覚悟していましたが、降伏会談の席上示された条件は思いのほか軽いもので、薩軍参謀黒田清隆《くろだきよたか》は対等に腰かけていた席を降り、敗軍の将である藩主に対して、一体どちらが勝者かわからないような遜《へりくだ》った態度で接しました。この薩軍の処置は庄内藩士、領民に感銘を与え、後に黒田は一連の処置が西郷の考えによるものであることを明らかにしました。この事情を知った庄内藩では、一八七〇（明治三）年、藩主以下が薩摩に赴き百余日にわたり留学し訓練を受け、西郷は一八七二（明治五）年には旧藩主らをドイツに留学させ、一八七三（明治六）年帰郷した後も子弟を次々に私学校に留学させ、最後の留学生の二名は、薩摩士族の決起に際し、西郷らの帰国の説得に応じようとせず、薩軍に従軍して戦死しました。一八八九（明治二十二）年、大日本帝国憲法発布に伴い西郷の賊名は解かれ、庄内藩旧家老菅実秀《すげさねひで》は『南洲翁遺訓《なんしゅうおういくん》』を編纂しました。

その後の三名の事跡

一八六九（明治二）年　東京遷都　版籍奉還　五稜郭の戦い
一八七一（明治四）年　廃藩置県
一八七三（明治六）年　明治六年政変　西郷下野
一八七七（明治十）年　西南戦争
一八八四（明治十七）年　甲申事変　↓　福沢諭吉は脱亜論へ
一八九四（明治二十七）年　日清戦争

◆版籍奉還、廃藩置県への西郷の対応

明治新政府の中枢に入った西郷は、一八七一（明治四）年から政変で下野した一八七三（明治六）年までの間に、廃藩置県、徴兵制など一連の士族特権の剝奪、四民平等の職業選択の自由、信教の自由、司法の独立、義務教育の導入、出版言論の自由、鉄道、電信の開通、国立銀行制度、警察制度の施行、旧幕臣の登用など、新日本の国家としての基盤の確立に自ら主導的に関わりました。

陽明学の民本主義、四民平等の考えを実現する一方、武士の特権を剝奪する等、西郷なくしては、これらの体制変革の実施、明治維新の基礎の確立・整備は不可能であったと見ることができます。

◆脱亜論、日清戦争への勝の対応

福沢諭吉《ふくざわゆきち》が『瘠我慢《やせがまん》の説』で、勝の旧幕臣としての新政府へのすり寄りを攻撃したのに対し、勝は「行蔵《こうぞう》は我に存す、毀誉は他人の主張、我に与らず我に関せず」と言い切りました。

遅れたアジアとの訣別を宣言した福沢諭吉の「脱亜論」に対して、勝は「アジアの植民地化を防ぐためには、日・朝・中の三国の連帯が不可欠である。外交問題でトラブルがあるとしても、武力の発動は将来に恨みを残すもとであるから軽々しくすべきでない」と主張しました。勝は伊藤《いとう》博文《ひろぶみ》の日清戦争の決断にも強く反対し、戦争は露英を利するのみと主張しました。その後の歴史を考えると、結果的に勝の予言どおり、日清戦争はロシアや欧米帝国主義勢力のアジアへの介入を加速するだけに終わったという見方も、あながち否定できないものがあります。

勝は、旧主徳川慶喜以下没落旧士族の救済に力を尽くし、一九〇二（明治三十五）年、慶喜は前将軍並みの公爵に処遇されました。

◆明治天皇の侍従、山岡

山岡は、西郷の推挙もあって、一八七二（明治五）年から一八八二（明治十五）年までの十年間、宮内省に出仕し明治天皇の侍従となります。この間も禅と剣の修行は怠りなく、一八八二（明治十五）年に「両刀、鋒を交えて避くるを須《もち》いず」の句で大悟し無刀流を開きました。その後も栄誉を求めず官につかず、書に徹して徳川家の後見と旧幕臣の生活救済に当てながら、一八八八（明治二十一）年に胃がんで死去するまで剣道指南と坐禅を欠かしませんでした。

◆西郷隆盛、勝海舟、山岡鉄舟の生い立ちとこころの形成

西郷隆盛

西郷にとって禅と陽明学はひとつのものであり、生涯にわたる生き方の土台となりました。

◆生涯

薩摩藩の下級武士でしたが、藩主の島津斉彬《しまづなりあきら》の目にとまって抜擢され、その身近にあって強い影響を受けました。斉彬の急死で失脚し、奄美大島に流され、その後復帰しますが、島津久光《しまづひさみつ》（新

藩主・島津忠義《しまづただよし》の実父で事実上の最高権力者）と反りが合わず、沖永良部島《おきのえらぶじま》への流罪に遭遇します。その後、家老・小松帯刀《こまつたてわき》や大久保利通《おおくぼとしみち》の後押しで復帰して、一八六四（元治元）年の禁門の変以降に活躍し、薩長同盟の成立や王政復古に貢献します。

鳥羽・伏見の戊辰戦争を巧みに主導し、江戸総攻撃を前に勝海舟らとの降伏交渉に当たり、江戸無血開城を実現しました。その後薩摩へ帰郷していましたが、一八七一（明治四）年に参議として新政府に復職。陸軍大将・近衛都督《このえととく》を兼務しました。一八七三（明治六）年大久保、木戸ら岩倉使節団の外遊中に発生した朝鮮との国交回復問題では開国を勧める遣韓使節として自らが朝鮮に赴くことを提案しましたが、帰国した大久保らと対立、この結果の政変で江藤新平《えとうしんぺい》、板垣退助《いたがきたいすけ》らとともに下野、再び鹿児島に戻り、私学校で教育に専念します。佐賀の乱、神風連の乱、秋月の乱、萩の乱など士族の反乱が続く中で、一八七七（明治十）年に私学校生徒の暴動から起こった西南戦争の指導者となりますが、敗れて城山で自刃しました。

西郷隆盛
（国立国会図書館ウェブサイト）

◆禅と陽明学との出会い

西郷の生き方を支えた思想と行動の背景に禅と陽明学があります。二十代の頃、郷中《ごじゅう》の仲間と草牟田《そうむた》の誓光寺にて坐禅修行をしました。

同寺住職の無参《むさん》禅師は、陽明学にも造詣が深く、政争の中、藩の掟に触れ死一等を減ぜられて五十三歳にして出家し禅門に入った薩南第一の善知識と言われた人です。

西郷は、なぜ参禅しようと思ったのでしょうか。大道寺友山《だいどうじゆうざん》の『武道初心集』によれば、「武士であろうとする者は、元日の朝、雑煮の餅を食べようとして、箸を取る瞬間から、一年が終わり大晦日の夕べまで、日々常に死ということを心に集中しておかなければならない」とあります。しかし西郷の場合、動機はそれだけではありません。若いころから身近な尊敬する人物の切腹、仕事現場での役人の腐敗と農民の困窮に喘ぐ生活、社会の理不尽さ等に直面し、八方ふさがりの中で生きることの意味を模索し続ける毎日でした。

西郷家では祖父母、両親、四男三女の十一人家族に加え、召使を雇っていたので、俸禄だけではとても立ちゆきません。そこで父の吉兵衛《きちべえ》と共に鹿児島近在の豪農から二百両を借り、田畑を買って耕作し、俸禄の足しにしようとしましたが、失敗し借金を抱えてしまいます。二十四歳の時、祖父、父母が相次いで亡くなり、幼い弟妹を抱え、貧苦に喘ぐ中、同時期に結婚しますが、あまりの生活の苦しさからか、妻は西郷の江戸出府中、実家に戻り離婚してしまいます。その後、下加治屋町の生家を手放し、郊外の借家に引っ越します。西郷は後に当時を振り返って「自分一代の中で最も悲しかったのはこの時であった」と回想しています。

◆精神を涵養した坐禅修行

西郷が本格的に禅を学ぶに至った動機のひとつにある禅僧との対話があります。僧から「儒書に喜怒哀楽の未だ発せざるこれを中《ちゅう》という語があるが、その『未発の中』とは何か」と訊かれた時、西郷は得意にそれを説明しました。しかしその僧は「そんな講釈は死学問だ。貴殿の生きた実物を見せられたい」と迫り、それに対し西郷は答えることができませんでした。それ以降、西郷は坐禅に精進しました。西郷が特に熱心に参じたのは十九歳から二十五歳にかけての頃です。

西郷は坐禅から何を掴んだのでしょうか。

息子の菊次郎《きくじろう》は一九一〇（明治四十三）年の『日本及日本人』南洲号にて父の回想を記しています。

「南洲は武術の方ではこれと言う程の技能は無かった。それで万一危難が身に迫った時にはどんな術を心得ていても、最早どうにも仕様のないものである、というのが平生からの覚悟であったようで、或る時剣道の大先生に会って、南洲が自分には武道の素質が無い事を語った。先生は『イヤあなたは槍も刀も学ぶには及びません。見た所あなたの身の廻りにはどこからも打ち込む隙がない』と語られた」

◆良知に目覚めた陽明学の履修

坐禅とほぼ同時期、大久保らと共に伊東猛右衛門《いとうもえもん》の門下に弟子入りし、『伝習録』の講義を受けました。伊東は西郷と同じ下加治屋町生まれの藩士で、内外の陽明学者の原稿を集めた『余姚学《よようがく》苑《えん》』全三巻を著した薩摩で最初の陽明学者です。その師は江戸後期の陽明学者・佐藤一斎《さとういっさい》の門人の荒川秀山《あらかわしゅうざん》です。西郷隆盛が佐藤一斎の『言志四録《げんししろく》』を愛読するようになったのは、このような契機からです。全千三十四条を読み込み、その中から百一条を抄出し繰り返し読んでいました。

陽明学は「知行合一《ちこうごういつ》」という実行の学問です。不断の努力によって私欲を払いのけ、天から授かった「良知」、すなわち自分のこころに本来備わっている是非善悪を知るこころに目覚め、発揮することを目指すものです。良知に目覚めることは、権威主義や教条主義からの訣別を意味し、良知を求める姿勢によって「大同社会」が実現できるという思想です。また陽明は「万物一体の仁」を説き、自らを含む万物はいわばひとつの肉体であって、他者の苦しみは自らの苦しみであり、それを癒そうとするのは自然で、良知のなせるものだとしました。

西郷は一八六九（明治二）年に薩摩から五人の青年を陽明学者春日潜庵《かすがせんあん》の下に遊学させていますが、その門出に際し「お前たちは、書物の虫になってはならぬ。（中略）これからは武術だけではいけぬ。学問が必要だ。その学問は活きた学問でなくてはならぬ」と強く語りました。

（参考文献：『日本及日本人』南洲号、宇井伯寿著『禅者列伝』書肆心水、林田明大著『「真説・陽明学」入門』三五館）

勝海舟

勝海舟は、伊勢松阪の豪商との交流による視野の広さは別として、自らのこころを支えたものについて、以下のように述べています。

「若い頃からの坐禅と剣術とがおれの土台となって後年大そうためになった。（幕府）瓦解の時分、万死の境に出入して、ついに一生を全うしたのは、まったくこの二つの功であった」（『氷川清話』KADOKAWA より）

◆生い立ちと修行の日々

九歳の時、男谷《おたに》道場（直心影流）に入門し、十八歳から男谷信友《おたにのぶとも》の弟子である島田虎之助《しまだとらのすけ》の道場に通います。毎夜、王子権現に行き、拝殿の礎石で沈坐黙考し、時々木刀を振り、全身に精気を満ちさせてまた静坐を繰り返し、夜が明けて家に帰るという生活でした。

島田虎之助（仙厓《せんがい》和尚に参禅）からは「剣術の奥意を極めるにはまず禅学を始めよ」とすすめられて、坐禅修行を始めていました。十九歳で直心影流免許皆伝となります。

島田から蘭学を学ぶこともすすめられ、箕作阮甫《みつくりげんぽ》を訪ね入門を願いますが「せっかちな江戸っ子に蘭学は向かない」と断られ憤然として去り、永井青崖《ながいせいがい》のもとで蘭学を学び始めました。

勝の知恵と根気強さがわかるエピソードに蘭和辞書『ヅーフハルマ』の筆写があります。辞書は本屋で購入すると六十両する。そこで人から十両で一年間辞書を借り二部筆写し、一部を三十両で売却し借料・生活費他に充て、一部は自分の本にしました。また、筆耕のアルバイトをしていましたが、その縁で島津斉彬に勝の名が知られ、斉彬から後年、勝を取り立てる老中阿部正弘《あべまさひろ》にも伝わっていたのです。

勝は本を読むのが好きでしたが、貧乏で本が買えないため本屋で書物を読むことを習慣としていました。本屋の主人嘉七から函館の商人渋田利右衛門《しぶたりえもん》を紹介されます。渋田は勝のことを「感心な人だ」といって良き支援者となります。金銭面の援助だけではなく、嘉納次郎作《かのうじろさく》（灘の酒屋、講道館柔道創始者・嘉納治五郎《じごろう》の父）、濱口梧陵《はまぐちごりょう》（和歌山の豪商、ヤマサ醤油）、竹川竹斎《たけがわちくさい》（伊勢の豪商）を紹介して、勝が商人ネットワークに入るきっかけを作りました。

勝海舟

二十二歳の頃、洋学者佐久間《さくま》象山《しょうざん》を訪ね、海舟の号は象山の塾に掲げてあった額「海舟書屋」からとることになります。

◆幕臣としての活躍（咸臨丸による太平洋横断・江戸城無血開城）

ペリー来航により幕府は広く意見を求めますが、三十一歳の勝は「海防意見書」を幕府に提出します。この意見書を大久保《おおくぼ》一翁《いちおう》が推挙し、老中阿部正弘の目に留まり採用されることになりました。

三十三歳の時、長崎で汽船の運用などの伝習（長崎伝習所）を命じられ、三十六歳の時に軍艦で鹿児島を訪れて島津斉彬と会います。斉彬より弟の久光を紹介され西郷隆盛のことも話題になり、庭を一緒に歩いている時に斉彬から「人を用いることは急にしてはいけない、又一事業は十年経たぬと取りとめがつかない」と教わります。

三十八歳の時に、遣米使節の護衛のため、また長崎伝習所の成果を試すために、咸臨丸《かんりんまる》でアメリカに向かい、太平洋横断に成功してサンフランシスコで連日大歓迎を受けました。

四十六歳、官軍による江戸城総攻撃が迫った時に、幕府は恭順の方針となり官軍との交渉を勝に一任しました。西郷との交渉の結果、世界史的にも稀な、無血開城が実現したのです。

◆明治時代の勝海舟（幕臣の生活支援と人材育成等）

明治となり、徳川家は駿府に移り、旧幕臣の困窮は深刻なものがありました。勝も静岡に移住し旧幕臣の経済支援のため様々な活動をしました。代表的な例に静岡のお茶の生産があり、勝の助言により静岡はお茶の全国的な産地となりました。

勝は次の世代の人材育成にも尽力し、新潟県上越市の川上善兵衛《かわかみぜんべえ》には、西洋化で日本でもワインが飲まれることを察しブドウ栽培を薦め、川上は「日本のワインの父」「日本のブドウの父」と呼ばれるようになりました。教育界においては、東洋大学創立者の井上円了《いのうええんりょう》や同志社大学の新島襄《にいじまじょう》を支援しています。

勝の最後の使命は、徳川慶喜の名誉を回復することでした。そのためもあり、旧幕臣から批判を浴びながらも明治政府とのつながりをもち続けました。七十六歳の時、慶喜は明治天皇との面会により名誉回復を実現し、勝は幕臣としての最後の務めを果たしました。「わが苦心三十年、少しく貫く処あるか」。翌年、使命を終えた安堵感から七十七歳で亡くなりました。（玄孫の高山みな子氏のお話から）

◆晩年の福沢諭吉との論争、日清戦争批判

福沢諭吉が、一九〇一（明治三十四）年に『瘠《やせ》我慢の説』を書いて、勝海舟や榎本武揚が幕臣でありながら降伏して明治政府につかえたことを批判したのに対しては、「批判は他人の事、行蔵は我にあり」の返書を送り、またその前の一八九四（明治二十七）年の日清戦争には反対の姿勢を明確にし、伊藤博文に対して「清との闘いは民族百年の恨みを買う」と諌める書簡を送っています。

（参考文献：勝海舟著『氷川清話』、高山みな子講演資料など）

山岡鉄舟

山岡鉄舟は、旗本の父、神官の娘の母の下で生まれ、身心ともに強健に育ちました。若いころから剣術と禅の修行に明け暮れ、江戸城無血開城で西郷との交渉で活躍したのち、明治に入って明治天皇の養育係を務め、禅で大悟し、剣では一刀正伝無刀流《いっとうしょうでんむとうりゅう》を開き、剣、禅、書の達人として

時代を生き抜きました。

◆生涯

鉄舟は、旗本小野《おの》朝右衛門高福《たかとみ》の四男として本所に誕生、父が飛騨高山の郡代に任ぜられ少年期を高山で過ごしました。父の死後江戸に戻り、剣術修行に明け暮れます。

三十三歳の時、歴史の舞台に登場します。江戸無血開城は、西郷と勝だけでなく、事前に鉄舟の働きがあって実現しました。維新後旧幕臣とともに駿府（静岡）に移住します。鉄舟は旧幕臣を帰農させ、茶園の開墾などを進めました。鉄舟は、三十七歳の時、新政府の強い要請を受けて、明治天皇の侍従となります。鉄舟の人格を深く認める西郷が、若い天皇（二十一歳）の養育係として鉄舟を宮中に推挙したのです。鉄舟は五十三歳で死去しました。胃がんで坐禅を組んだままの大往生でした。

◆鉄舟の剣、禅、書

鉄舟は剣・禅・書の三道を極め、そのいずれにおいても超一流の大家でありました。剣は幼少の頃より諸師について、すさまじいまでの修行に明け暮れました。鉄舟は剣によって心身を錬磨し、こころが万物と一体である理を悟ろうとしました。鉄舟は「予の剣を学ぶは、偏に心胆錬磨の術をつみ、心を明らめ以て己れ亦天地と同根一体の理、果たして釈然たるの境に到達せんとするにあるのみ」と言っています。

禅は、武道を全《まった》からしめるには剣と禅の修行の他なしと父に教えられ、十三歳の頃から始めています。二十代の鉄舟は、昼は剣術、夜は坐禅という生活で、龍沢寺《りゅうたくじ》の星定《せいじょう》和尚に参禅しました。夜に江戸を出て徒歩で箱根の山を越え、三島の龍沢寺に参禅してまた江戸まで帰ってくるという熱心さです。その後天龍寺《てんりゅうじ》の滴水《てきすい》和尚に師事し、四十五歳の時大悟して一刀正伝無刀流を開きました。鉄舟の剣・禅の修行で到達した人間力は衆に抜きん出ており、滴水禅師は鉄舟のことを「あれは別ものじゃ」と言うのが常でした。

鉄舟には次の逸話があります。某居士が鉄舟に臨済録の提唱を願い出たのですが、鉄舟はそれは鎌倉の洪川《こうせん》和尚に聞かれたらいいと断りました。居士は承知せず是非とも拝聴したいといって引き下がりません。鉄舟は「よろしい、ではやりましょう」と言って居士を道場に誘いました。そこで門人と撃剣の稽古をし、居室にもどった鉄舟は「私の臨済録の提唱はどうでしたか」と聞きました。驚いて無言の居士に鉄舟は次のように言い放ちました。「私は剣客だから剣道で臨済録を提唱した。私は武人だから僧侶の真似はしない。足下は禅を修行されていると聞くが、臨済録はただ活字をならべた書物ではありません」

禅者鉄舟はまた、禅の偉大な外護者でした。鉄舟は「わしは禅を仏教の根源だと信じているので、その根源の強く、深く張られることを祈っている」と言っています。

書については、鉄舟は王羲之《おうぎし》を学びましたが、弘法大師の書にも傾倒しました。一八八〇（明治十三）年、剣と禅で悟るところがあって、書の呼吸も変わり、雄渾で気品と暖かみのある鉄舟の書となりました。

鉄舟の家の玄関には、朝から晩まで揮毫を頼みに来る人が後を絶たず、鉄舟は快く受け、その数は多い時、一日千枚にも達しました。人が揮毫のお礼にと差し出す謝金を鉄舟はありがとうと言って受け取り、「私はそもそも書を書いて礼をもらうつもりはないが、困った者にやりたくて、くれればもらっているだけさ」と述べていました。

鉄舟は、一枚ごとに「衆生《しゅじょう》無辺誓願度《むへんせいがんど》」の句を唱えて揮毫し、揮毫の謝礼金は、社会公益、災厄救助、寺院の慈善事業、復興事業などに使われました。

◆鉄舟の人と思想

鉄舟が慶喜の命を受けて駿府に行く時、勝が「この際に幕府のとるべき方針は、どうしたらよいと思うか」と問うと、「今日の我が国においては、もはや幕府の薩州のと、そんな差別はない。挙国一致だ。天業回古の好機は今だ」と答えたと勝が語っています。

勝は、「山岡は明鏡のごとく、一点の私をもたなかった。だから物事に当たり即決して毫もあやまらない。しかも無口であったが、よく人をして反省せしめたよ」とも語っています。

西郷は鉄舟のことを、「命もいらぬ、名もいらぬ、金もいらぬ、といった始末に困る人ですが、あんな始末に困る人ならでは、お互いに腹を開けて、共に天下の大事を誓い合うわけには参りま

山岡鉄舟
（国立国会図書館ウェブサイト）

せん。本当に無我無私の忠胆なる人とは、山岡さんのごとき人でしょう」と評しました。

日本人の典型と評される山岡鉄舟の人間性の根本に、たぐいまれな正直さがありました。勝は「鉄舟は馬鹿正直者だ。しかし、馬鹿もあれくらい馬鹿になると違うところがあるよ」と評しています。

鉄舟が八、九歳の頃、母より字を習っている時「忠孝」の意味を母に問い、「母様はその道をお守りですか、私はどのようにしてその道を行えばよろしいのですか」と聞きました。すると母ははらはらと涙を流し、「鉄よ、母はその道を心がけているものの、至らぬ女ゆえまだ完全に行うことはできません。いつもそれを残念に思っています」と答えたといいます。鉄舟の正直は、神官の娘であった母の馬鹿正直ともいえる正直をうけついだものだったのでしょう。

維新政府より天皇の侍従になるように要請された時、鉄舟は断り切れず、十年間だけという約束で引き受けました。鉄舟は、「晴れてよし曇りてもよし富士の山　もとの姿は変らざりけり」と詠みました。死ぬ一年前の一八八七（明治二十）年、華族に列せられ子爵を授けられましたが、その時は「食うて寝て　働きもせぬご褒美に　蚊族（華族）となりて　またも血を吸う」と詠みました。

（参考文献：大森曹玄著『山岡鉄舟』春秋社、牛山栄治著『山岡鉄舟の一生』春風館、山岡鉄舟口述、勝海舟評論、勝部真長編『武士道』角川書店、小島英記著『山岡鉄舟』日本経済新聞出版社、圓山牧田、平井正修編『最後のサムライ　山岡鐵舟』教育評論社、山岡鉄舟著、高野澄編訳『剣禅話』徳間書店）

Ⅷ章　和の政治・日本国のかたちを決めた
聖徳太子の十七条の憲法

〈視点〉

日本の和の政治は、歴史的にどのように形成されてきたのでしょうか？

「和」は縄文時代から連綿とつながる日本政治の原点です。

日本の古代は争いの少ない時代でした。特に水稲耕作が始まる紀元前四世紀以前の長い縄文時代は恵まれた自然環境もあり、ほとんど争いのない社会であったことが考古学的に証明されています。稲作が始まり、富の蓄積が進んだこともあって、弥生時代には外敵に備えた環濠集落が見られるようになりますが、国内の戦いは少なく、あっても殲滅戦争にならない犠牲の少ない内戦が多かったといわれます。戦といっても外交による和解で収められることも多く、敗者の生き残りや復活を許す傾向が強くありました。

遺伝子的にも混血が進みましたが、古い遺伝子が死に絶えることなく残って次の時代につながる（縄文人の遺伝子が今日の日本人に残っている）というのは、易姓革命など殲滅戦争で政権が交替し、古い遺伝子が残されない地球上の他の国の例に比べて極めて特異な現象といえます。万世一系の天皇家が今日までつながっているというのも人類史的奇跡と見て良いのではないでしょうか。

（参考文献：倉本一宏著『内戦の日本古代史』講談社、等）

その中で、聖徳太子の定めた十七条の憲法は、どういう位置にあるのでしょうか？

長い縄文時代以来の古代を経て、「日本のこころ」には、自然観の発露としての霊性の基盤

（古神道につながる日本的霊性）が形成されましたが、六世紀末に摂政となった聖徳太子は、その上に当時に伝来した仏教や儒教の思想も取り込んで、「国家」としての日本政治の基礎となる十七条の憲法を制定し、独立国として対等の立場で遣隋使を派遣し、太子没後の大化の改新から、後の武家の台頭に至るまで継続した律令国家を築きあげました。

十七条の憲法は、第一条で和を基本とし、最後の十七条で合議をもってことを決める原則を示すなど、今日に至るこの国の政治のかたちを定める基本原則を示しました。

その後、武家政治の時代になってから、和の政治はどうなったのでしょうか？

日本はその後、武家政治の時代に移行しますが、武士道がそのリアリズムを基礎に「日本のこころ」を受け継ぎ、政治の規律が保たれた面があります。

そして、徳川家康に始まる江戸時代の二百七十年間は、和の政治による循環型・持続可能な社会の建設を果たし、その基礎の上で明治維新を経て近代国家としての日本が誕生し、今日に至っています。

西欧にならった民主主義が導入されたという側面もありますが、合議制の原則、四民平等の日本型民主主義の原則は、律令国家以来の和の政治の延長線上にあるものといえましょう。

◆縄文時代は「日本のこころ」の原点、日本人のこころのふるさと

縄文時代は、世界四大文明（メソポタミア、エジプト、インダス、黄河）よりも古く、紀元前一万四〇〇〇年頃から一万年以上の長い間続き、日本文化の基層として現代まで地下水脈でつながる「こころのふるさと」となっています。この時代には、縄文土器、磨製石器、竪穴住居、巨石記念物などがあり、新石器時代といわれますが、集落や貝塚などの遺跡が北海道から九州まで見られます。この時代には、人々は、自然や環境との調和、共存を図り、対人武器を作らず戦争を避け、女性・母性を尊重し、富の公平な分配と平等を重視する社会を、継続し維持して来ました。今日の日本人の一二～一五％には、この縄文人のＤＮＡが引き継がれているといわれます。

日本に何度も来日した社会人類学者クロード・レヴィ＝ストロースは、縄文土器との最初の出会いで、縄文人の優れた造形感覚と製作の裏に隠された智恵を見ぬき、縄文文化の素晴らしさを高く評価しました。カリフォルニア大学のジャレド・ダイアモンドは、二〇一五（平成二十七）年のＮＨＫの番組で「縄文文化は世界史的に見て世界的な偉業である」と称えています。哲学者である梅原猛は「縄文時代に形成された日本人の三つの力、すなわち環境適応力、復元力、日本

化力がその後のあらゆる天災地変、艱難辛苦を乗り越えてきた日本人の力の源を形成しました」と述べています。（以上は、一般社団法人縄文道研究所代表理事・加藤春一氏のお話による）

「日本のこころ」の基調（日本的霊性）はこの縄文時代に原型が形作られたとみられます。特に縄文時代中期（紀元前約三〇〇〇年～二〇〇〇年）は青森県三内丸山《さんないまるやま》遺跡、新潟県笹山遺跡の縄文火炎型土器、長野県茅野市の土偶、縄文のビーナスなどが創られた時代で、縄文全盛期といわれています。後の神道の原型はこの期に形成されたという見方があります。

「日本のこころ」は、政治の世界では「和の政治」となって現れます。政敵を追い詰めて排除するよりも、共通する利害を求めて信頼関係を構築し、無用の戦を避け、和解の世界で相手を取り込んでいく手法といえます。

日本は、その長い歴史の中で、政権交代を「和の政治」を基本として追求してきた伝統がありま す。出雲と大和の国譲り以来、今日までの長い歴史において、天皇を結節点に、総じて（例外もありましたが）和の政治が基本的に貫かれてきたことは、誇りとしたいと考えます。

日本の古代は、その後弥生時代を経て、古墳時代、飛鳥時代へとつながり、聖徳太子の十七条の憲法制定に至ります。

◆十七条の憲法の制定

聖徳太子（五七四〜六二二）は、用明天皇（第三十一代）の皇子として、古代日本上昇期の波乱と緊張に満ちた飛鳥時代に生まれました。十九歳の時、推古天皇（初めての女性天皇、聖徳太子の伯母）の皇太子となり、同時に摂政となって四十九歳で逝去するまで、天皇を補佐して国政を主導しました。

太子は六〇四（推古天皇十二）年、十七条の憲法を定めた。深い人間観と、為政者としてのたぐいまれな洞察力をもつ深遠な思想家聖徳太子の精神が、この十七条に表現されています。主な条文を見てみましょう。（読み下しは、梅原猛著『聖徳太子Ⅱ　憲法十七条』小学館による）

一に曰く、和をもって貴《とうと》しとし、忤《さから》うことなきを宗《むね》とせよ。

二に曰く、篤く三宝を敬え。三宝とは、仏と法と僧なり。（仏は悟った人、法は真理、僧は修行者）

四に曰く、群卿百寮《ぐんけいひゃくりょう》、礼をもって本《もと》とせよ。（群卿百寮とは位の高い官僚のこと。礼によって民を治めるのは儒教思想である）

五に曰く、餮《あじわいのむさぼり》を絶ち、欲《たからのほしみ》を棄て、明らかに訴訟《うったえ》を弁《さだめ》よ。
六に曰く、悪を懲らし、善を勧むるは、古《いにしえ》の良き典《のり》なり。
九に曰く、信はこれ義の本なり。事ごとに信あるべし。
十に曰く、忿《こころのいかり》を絶ち、瞋《おもてのいかり》を棄て、人の違うことを怒らざれ。
十七に曰く、夫れ事は独り断《さだ》むべからず。必ず衆とともに論《あげつら》ふべし。

太子は大乗《だいじょう》仏教の菩薩道《ぼさつどう》（菩薩思想）の実践に努めました。菩薩とは仏になろうと悟りをもとめて修行している人のことをいいます。菩薩道の中核にあるのは、人に奉仕し、利他行に徹し、人を救済する実践です。

大乗仏教は出家して世間を離れ、独り悟って満足するのを理想と考えませんでした。太子は出家した僧ではなく、一国の摂政の地位にいた政治家です。

太子は数ある仏典の中から、『法華経《ほけきょう》』『勝鬘経《しょうまんぎょう》』と共に『維摩経《ゆいまきょう》』の解説を行いました。『維摩経』では、在家にありながら仏弟子たちよりはるかに深い覚りの境地に達した維摩が仏弟子たちを教えます。

太子は日本を菩薩の国に造りあげたかったのです。国民一人ひとりが菩薩として生きる国。とりわけ群臣・官僚は菩薩道に励み、民に奉仕し、民を救済する利他行の実務に精通すること。そしてトップである天皇は位の高い菩薩として、無辺の衆生救済を願ってすべてを統べることを国家の理想としました。

十七条の憲法第二条で、太子は仏法僧を敬えとしましたが、祭祀など神道の伝統行事も廃することなく維持しました。六〇七（推古天皇十五）年には「敬神の詔」を出し、仏教と日本古来の神道は排斥し合うものでなく、十分両立すると考えました。

聖徳太子

また、十七条の憲法の第四条「群卿百寮、礼をもって本とせよ。それ民を治むる本は必ず礼にあり」、第九条「信はこれ義の本なり。事ごとに信あるべし」、第十六条「民を使うに時をもってするは、古の良き典なり」などは、儒教の思想から来たものです。

◆日本のこころの宗教に対する寛容さ

日本のこころの原型である「神・仏・儒の習合」は、この十七条の憲法で太子によって始められたといってよいでしょう。

キリスト教の精神は愛、仏教は慈悲、儒教は仁といわれます。日本は和の国であるとの意識が、歴史の早い時期から存在しました。「和国」とは日本の国のことで、「やまと」を「大和」と書き、和食、和服、和風、和魂、和洋、和漢といった言葉における和は日本という意味です。

太子は和を国家理想とし、和を実現する方法を十七条の憲法に定めています。

・人間はみな党派心があるので、よく議論して決めること。そして、大事は決して独断で決めないこと

・仏《ほとけ》の真理の悟りをよりどころにすること

・礼を重んじること

・公正な裁きをすること

・信頼関係を築くこと

・我必ずしも聖にあらず、彼必ずしも愚にあらず。人はすべて凡夫であるから、自己の絶対化をしないこと。人は皆違っているから、逆らっても怒らないこと

・リーダーは菩薩道を実践し、民を慈しむこと

などの定めは、国家目標の「和」を実現する手段にほかなりません。

人間は「無明《むみょう》」を抱えており、党派心があり、これが争いの本となるが、党派心の本となる無明は根本煩悩といわれます。世界のすべてのものがばらばらに分離して存在していると考え、自

分は他と分離して一人で生きていて、自分が世界の中心である、また中心でありたいと思う、このような自己絶対視・自己中心性のこころを「無明」といいます。

世界にあるものは他と分離してそれだけで存在しているものはひとつとしてなく、すべてつながっている、すべてはつながりの中で縁によって生じるもので（縁起）、個体で存在する実体はない、世界はひとつであり、一体である（一如）。こうした世界観は世界平和に貢献する根本思想となりうるのではないでしょうか。

「日本のこころ」は、各宗教がお互いを否定し争うならば、それは良識を欠く行為だと考え、独善だと考えます。日本のこころは宗教に対して寛容です。

太子は言います。「我れ必ずしも聖にあらず。彼れ必ずしも愚にあらず。共にこれ凡夫のみ。是非の理、詎《た》れかよく定むべけんや」（憲法十条）

人はすべてつながりの中で生きている凡夫であるから、太子が言うように自己の絶対化をしてはならない。人の信念、信仰が違っていても、共存していけばよい。神・仏・儒を習合させる智恵は、キリスト教やイスラム教など一神教に対しても同じである。このような「日本のこころ」は、世界のこころと共鳴し合い、平和を希求する世界・人類の未来に、必ず貢献できるものがあります。

一条で「和をもって貴しと為す」と宣言する聖徳太子の憲法は、神・仏・儒習合の「日本のこころ」の出発点にあり、これからの人類が目指すべき共生社会をリードする世界観（基本理念）につながるものがあります。

〈参考文献：坂本太郎著『聖徳太子』吉川弘文館、梅原猛著『聖徳太子Ⅱ　憲法十七条』小学館、岡野守也著『聖徳太子〈十七条憲法〉を読む』大法輪閣、田中英道著『聖徳太子　本当は何がすごいのか』育鵬社〉

聖徳太子の理想は消せない

聖徳太子については、その存在を否定（或いは疑い、又は軽視）する学説もあります。「聖徳」は厩戸皇子《うまやどのおうじ》（五七四～六二二）の死後のおくり名で、『日本書紀』などにより天武天皇や為政者に都合の良いように偶像化（捏造）されたという歴史学者もいます。また、思想的に太子の存在を軽んじる学者もいて、「和を重視すると少数派の意見が無視され危険である」（丸山眞男等）などの立場の学者や、天皇のみを奉る一部の神道家や儒教家などです。このため一時期、教科書で聖徳太子の名前を敢えて載せない傾向が増えたこともありました。しかし、その事跡についてすべてが太子のものかは議論の余地があることを認めるとしても、文字資料だけでなく、法隆寺をはじめとする形象資料、死後民衆の間に定着した聖徳太子信仰（伎楽、猿楽、雅楽、歌舞伎の太子伝や兵法の騎馬戦法『聖徳太子流』に至るまで、民衆の神となった）など、厩戸皇子が聖徳太子と呼ばれた歴史的事実を否定し去ることはできません。

遣隋使の派遣が仮に太子の前にあったとしても、太子が小野妹子《おののいもこ》を隋に派遣して、「日出る処の天子、書を日没する処の天子に致す」と対等の国家として付き合いを宣したのは、明らかな事実であり、遣隋使はその後遣唐使になって、平安時代に中止されるまで継続しました。

太子は実在し、その起こした古代の文化事業は、その後の長い歴史における国家としての独立の気概を打ち立てた点で忘れてはならないと思います。

◆武家政治の台頭と徳川時代から、明治を経て今日につながる和の政治

日本はその後、私有を認める荘園制に移行し、律令国家体制が崩れ、武士の台頭を見て武家政治の時代に移行しますが、戦争の時代といわれる戦国時代においても、武士道がそのリアリズムを基礎に「日本のこころ」を受け継ぎ、政治の規律が保たれた面があります。武士道は、敵を殺す「殺人刀《せつにんとう》」ではなく、相手を生かして自らも生きる「活人剣《かつにんけん》」を重視する考えであり、それは政治にも生かされてきました。

そして、徳川家康に始まる江戸時代の二百七十年間は、和の政治による循環型・持続可能な社会の建設を果たすこととなり、その基礎の上で明治維新を経て近代国家としての日本が誕生し、今日に至っています。

この間、西欧にならった民主主義が導入されたという側面もありますが、明治天皇が新政府の方針として宣言した五箇条の御誓文（第一条に広く会議を興し万機公論に決すべしとあります）に見られる合議制の原則、西欧のような奴隷制を前提としない四民平等の日本型民主主義の原則は、縄文時代に端を発し、律令国家、武士道国家以来の和の政治の延長線上にあるものといえましょう。

なお、日本の政治を考える場合には、明暗両面の過去があったことにも留意する必要があります。

①縦わり社会、村社会の側面が強くなると、和の政治は排他的になり、内向きの所属集団益を重視する傾向に陥る恐れがあります。小集団内での過度の和の重視は、外の世界との和の軽視につながる恐れがあると言えましょう。

②「日本のこころ」では、理（理性）と同時に情（情緒）を重視します。情が勝ちすぎる（理性よりも感情が強く出すぎる）と、自由、民主、法治の建前を崩して、強権政治、暗殺テロが続出

することにもなります。特に政治における暗殺やテロは、幕末〜明治期には数多くありました。

（参考文献：一坂太郎著『暗殺の幕末維新史』中央公論新社）

③「日本のこころ」においても利他心と自己愛は併存しており、後者が強すぎると、政治は覇権主義的になりがちで、過去に見られたように自衛を越えた戦争にもつながる恐れがあります。和の政治が世界や社会に貢献するためには、自己愛の制御と利他心の発露が不可欠であるといえましょう。

これからの世界・社会に貢献する和の政治については、過去に見られ、また現在も危惧される以上のようなネガティブな側面（内に閉じるこころの傾向）も十分に考慮し、利他心を柱とするポジティブな側面（開かれたこころ）が生かされるようにしていくことが望まれます。

Ⅸ章　和の文化・日本文化のこころ

——文学、美術、茶道、芸能、匠の技等から「日本のこころ」を探る

〈視点〉

文学や美術、芸事、匠の技などの日本の文化には、どのような形で「日本のこころ」が発現しているのでしょうか？

日本文化を内面から支える「日本のこころ」の特徴とは、どういうものでしょうか？

近代の欧米文化においては個人としての人間が中心に置かれるのに対し、日本文化のこころの特徴は、個と全体との関係性を重視する点にあると言われますが、具体的にどういうことでしょうか？

人間の自然との調和、社会との調和、文化と生活との一体化などの特徴について、気が付く具体的場面はありますか？

主体と客体、こころともの、人間と自然、生と死、光と闇等の対立する二つの概念のどちらかに偏らず、対立概念の併存を許容するという考え方は、西欧的な論理的なあいまいさを嫌う文化と異なった面がありますが、ほかに具体的な例はあるでしょうか？

生命を外からではなく内側から見るという側面は、日本のこころが客観主義よりも主観主義に偏るということでしょうか？

新型コロナウイルスへの見方も、対象を過程性の中で見る動的平衡の生命観にたてば、共存することを選択する「ウィズコロナ」の考え方になるのでしょうか？

時間概念は、直線的に考えがちですが、本来日本人は、時間を循環するもの、止まっているもの、という見方も同時にしているようです。今を大事にする文化ということでしょうか？

日本文化は、呼吸と一体化した身体的活動を重視すると言われます。それは具体的にどのような場合でしょうか？

縦社会（継承）と横社会（展開）、不易と流行、守・破・離などの言葉から、日本文化の特徴をどのように考えたら良いでしょうか？

少し、抽象的で判りづらいかもしれませんが、具体的な事例に即して、以下に見てみたいと思います。

◆日本文化を内面から支える「日本のこころ」の特徴

日本の芸術文化は、文学、美術、工芸、芸能など多岐の分野にわたっています。以下に、日本の芸術文化や生活文化を内面から支えている「日本のこころ」、即ち精神の側面について、その特徴を挙げてみたいと思います。

ここでは鈴木大拙著『禅と日本文化』の記述や、近藤誠一氏の著書『日本の匠』対談集などを参考に、さらに研究会での意見を加えて整理してみました。

ひと言でいうと、欧米文化においては個人としての人間が中心に置かれるのに対し、日本文化のこころの特徴は、個（自己）と全体（他人、環境、世界、宇宙）との関係性を重視する点にあります。

人間と自然・社会との調和

①人間は自然の一部と位置付けられます。このような「日本のこころ」の自然中心主義は、西欧の人間中心主義とは異なった特徴です。
②美術や工芸では、自然物の擬人化が行われ（鳥獣戯画など）、伝統工芸では自然素材が尊重され、作品ばかりではなく道具も自然素材が選ばれます。物質循環や作品の持続可能性も指向されます。
日本を代表する工芸作家の声を聞いてみましょう。
・「漆がもう触ってもいいよと教えてくれるまで待たなければいけないということを覚えるまでに十年ほどかかりました」「土に還す」「自然に帰る永久素材」（室瀬和美『日本の匠』）
・「木から始める」「木を熟成させる」（須田賢司『日本の匠』）
・「糸の声に耳を傾ける」（佐々木苑子『日本の匠』）

・「松のことは松に習へ　竹のことは竹に習へ」（松尾芭蕉『三冊子《さんぞうし》』）

③文化は生活と一体のものとして理解されます。

・伝統工芸の「用の美」、生活で実際に使用されるものとして、使い手のことを考え、こころを込めて作られます。

・生活の延長線上にある年中行事の中に文化があります。

正月行事、節分、ひな祭り、花祭り、針供養、こいのぼり、端午の節句、山開き、海開き、七夕、お盆、送り火、十五夜、お彼岸、秋祭り、七五三、煤払い、大晦日……。

・海外の人からの観察

a　「日本では、自然と人間は、一体化しているようにみえます。（中略）この国に由来するすべてのものは、愛らしく、朗らかであり、自然を通じてあたえられたものと密接に結びついています」（アインシュタイン『アインシュタイン　日本で相対論を語る』講談社）

b　「私は『はたらく』ということを日本人がどのように考えているかについて貴重な教示を得ました。それは西洋式の、生命のない物質への人間のはたらきかけではなく、人間と自然のあいだにある親密な関係の具体化だということです」（クロード・レヴィ＝ストロース『月の裏側　日本文化への視角』中央公論新社）

対立概念の併呑（二項併存）

①次のように対立する二つの概念を、一体のものとして捉えます。それぞれの概念を独立して絶対視せず、両者の併存、二面性の融合・合体を常に認めます。

例えば、主体と客体、こころともの、人間と自然、生と死、光と闇。

禅の用語では、一即多・多即一、無と有、色と空、真理と現象、死と生、絶対と相対、平等と差別、明と暗……主客未分・無分別の世界。

八百万の神、多くの諸仏の世界を、一神教に対する多神教とは見ません。（鈴木大拙）

②その結果、多元性や相対性の尊重、関係のあいまいさ（二元論の排除）、相互の関係性の動態的把握などの特徴が示されます。具体的な例としては、

・善悪二元論の排除

a 『歎異抄』「悪人正機　善人なおもって往生を遂ぐ、いわんや悪人をや」

・境のあいまいさ

a 能、能舞台

b 結界、屏風

・光と闇の間

a 曙、東雲、……

・知行合一、空即是色
・日本文化における「対」（つい）は1＋1＞2の関係を創る。風神雷神がその典型で、対になることで、一つひとつの魅力を足した以上の意味が出る（今泉今右衛門『日本の匠』）
・芸術では、非相称性（asymmetry）、非均衡性が好まれます
③真善美（求道）と遊び（一服の清涼、軽み、面白さ、余白のあるメディア）の両面が常に追求されます。
・狂言―鳥獣戯画―北斎漫画―連歌・俳諧・川柳―落語―マンガ・アニメ
・夏目漱石の「則天去私《そくてんきょし》」と諧謔《かいぎゃく》
④相手の立場の尊重
・自己の芸術性の主張より相手に喜んでもらう（伝統工芸における用の美）
・日常会話でも、「もちつもたれつ」「おたがいさま」

生命を内側から見る

①日本文化の特質は、生命を外側からの観察ではなく、内側から観察することにあると見ます（鈴木大拙『禅と日本文化』）。客観主義に対する主観主義とも言えます。
②目に見えぬものを見る

・秘すれば花（世阿弥）

・絵画では、間、余白を重視します（長谷川等伯『松林図屏風』）

・工芸でも、見えない所にこだわります（東京国立博物館・伝統工藝展のガラス作品）

・文学、和歌、俳句の例

「秋来ぬと目にはさやかに見えねども　風の音にぞおどろかれぬる」（藤原敏行『古今和歌集』）

「見渡せば花も紅葉もなかりけり　浦の苫屋の秋の夕暮れ」（藤原定家『新古今和歌集』）

「花は盛りに、月は隈なきをのみ見るものかは　雨に向かひて月を恋ひ、垂れ籠めて春の行方知らぬも、なほあはれに情け深し、咲きぬべきほどの梢、散りしをれたる庭などこそ見どころ多けれ」（兼好法師『徒然草』）

・侘びと寂び

「霧しぐれ　富士を見ぬ日ぞ　おもしろき」（松尾芭蕉『野ざらし紀行』）

侘び＝貧しさ、生活状態（鈴木大拙）

寂び＝孤絶、事物や環境（鈴木大拙）

対象を過程性の中で見る

世界は互いの関係の中で絶えず変化していくひとつの流れと見ます。永久不変な実体の概念を

否定します。（伊東俊太郎『文明と自然』刀水書房）
・生命を、絶えず自らを壊しつつ常に作り替えて、あやうい一回性のバランスの上にたつ動的なシステムであるとみる（福岡伸一『動的平衡』）
・茶道　一期一会
・鴨長明「行く川の流れは絶えずして……」
・湯川秀樹「中間子論」
・諸行無常

時間概念＝循環する、止まって見える（リニアに進むものではない）

・暦の還暦、能における時間の流れ、輪廻の思想
・現在の重視、即今、而今（過去、現在、未来）
・異時同図（鳥獣戯画）
・日本語は「時制」があいまいで、厳密な意味の過去・現在・未来の区別がありません「昨日朝七時に起きた。すでに太陽がさんさんと窓に注いでいる……そこへ宅急便が来た。見れば母からである」「そろそろ明日にでも行った方がいいのじゃない？」

呼吸と一体化した身体的活動を重視

日本の文化には呼吸と一体化した身体的活動の面があります。

日本文化の特徴は、静的ではなく動的、身体感覚の無限の拡張（息を合わせる、心を合わせる、力を合わせる）にあります。

・能の謡は、息で「打つ」という意味であり、その謡で刺激された聞き手の脳はイメージを自在に飛躍させます。（従って舞台には装置や飾りは何もいらない）（能楽師の安田登氏）

・禅も書も能も、呼吸で気を出し、気をあわせます。武道も全て。

縦（継承）と横（展開）とのバランス

①文化の継承を重視

文化財の保存も世界的に稀有なほど重視します。

自国の千年以上前の遺物を美術館や博物館で目にすることができるのは、世界的にも珍しいことです。

前述の時間概念とも関係しますが、文化財は経年変化を尊びます。錆び、銀が黒ずむこと、割れ目、ひびなどは修復して元に戻すことはあまりしません。

他国の文化の保存にも優れ、正倉院で美しい輝きを保つガラスの器は、本国イランでは塵に帰りつつあるとも言われます。書の世界では、中国本国で失われた書も日本で多く保存されているようです。

②「道」から学ぶ伝統、「守・破・離」や「不易と流行」のバランスが重要

「道」とは、精神性を込めたプロセスの型のことで、理性と感性・身体智のバランスをとり学ぶ必要がある伝統の継承には不可欠のものです。

「一子相伝」とは言葉ではなく、父子が一緒に暮らし、黙って制作をし（マニュアルも指南書もなし）、原料を作り、道具を磨くことで芸を学ぶやり方です。一見不合理ですが、テクニックではなくスピリットを伝えるのは、言葉でも、レッスンでもありません。言葉はあまりに意味を限定しすぎ、芸の神髄は伝わらないのです。

まずは、伝統を学び、この道一筋に生きることが尊重されます。転職は「移り気」として低評価になります。

しかし縦社会には長所と短所があります。

広く全体を見られない視野の狭さ、横展開の不十分さ、既得権主義に陥りやすいことなどの弊害があります。

一方で現在は、産業社会の同期主義、学生生徒の同学年横並び教育、家庭における親子関係の変質（核家族化と縦の対話不足）など、縦の関係が欠落した横中心社会の弊害が目にあまるとも言

われます。大家族主義の効用（おじいちゃんやおばあちゃんの昔話や知恵など）も忘れられています。横に、仕事や能力の幅を広げる転職推奨、働き方改革の考えも必要ですが、終身雇用、年功序列の企業ルール（欧米では採用の傾向もある）も一概には否定すべきではないように思われます。革新と伝統、競争と安定などのバランスが重要ということでしょう。

生活様式の変化から、和風の伝統文化は一般人からは遠い存在になりつつありますが、ただ最近、世界から注目されるアート作品など、伝統技術を生かした取り組みが出てきているのも事実です。

◆ジャンルごとにみる日本文化のこころ

次に、日本文化をジャンルごとに、見てみましょう。

日本文学

◆日本文学

七世紀の奈良時代に『万葉集』が生まれ、平安時代には平仮名が生まれ、紫式部の『源氏物語』、鎌倉時代には和漢混淆文の『方丈記』や『徒然草』が書かれ、江戸時代には俳諧など庶民の文学となり、明治には日本語の書き言葉が生み出されて、近代日本文学が成立しました。

縄文時代以来の大和言葉は、漢字の訓読みに伝承され、漢字仮名交じり文として今日まで生きています。一方漢字の音読みをベースとした漢文調は、益荒男《ますらお》ぶりと言われて、男性文化を繋ぎ、仮名文字は女性作家に主に担われ、手弱女《たおやめ》ぶりとして、今日につながっています。

◆松尾芭蕉に見る俳句と禅の関係

松尾芭蕉（一六四四～一六九四）は、江戸時代前期の俳諧師。三重県伊賀上野出身。俳諧（連句）の芸術的完成者であり蕉風と呼ばれる芸術性の極めて高い句風を確立し、後世では俳聖として世界的にも知られている日本史上最高の俳諧師の一人です。芭蕉が弟子の河合曾良《かわいそら》を伴い、一六八九（元禄二）年に江戸を立ち東北、北陸を巡り岐阜の大垣まで旅した紀行文『おくのほそ道』が有名です。

一方で、芭蕉は三十七歳の頃に深川の草庵に移り、その頃から坐禅を始め、根本寺《こんぽんじ》（茨城県鹿嶋市）の仏頂《ぶっちょう》和尚に師事して嗣法《しほう》しました。白隠慧鶴《はくいんえかく》の弟子の東嶺円慈《とうれいえんじ》の法系図では、白隠慧鶴の三代前の師である愚堂東寔《ぐどうとうしょく》の流れで、風羅《ふうら》芭蕉と記載されています。在家禅者がここにもいました。

鈴木大拙の『禅と日本文化』では、「古池や」の句が仏頂禅師との禅問答に発するものとの紹介があります。

芭蕉の俳諧は「物我一致」という禅の体験からきています。

工芸と美術

近藤誠一著『日本の匠』対談集（かまくら春秋社）より工芸家・美術家の発言を見てみました。

◆漆芸・蒔絵

室瀬和美《むろせかずみ》　人間国宝。一九五〇（昭和二十五）年生まれ、東京藝術大学卒。

（以下同氏の発言より）

「漆は落葉広葉樹で、中国よりも古い一万二六〇〇年前のものが出土。七五〇〇年前（日本では縄文時代）から、日本でも中国でも、かぶれを避けて使いこなし始めた」「伝統工芸の蒔絵は日本オリジナルなものであった」「子どもの頃から箸を使う習慣が幸いして、日本人の手先の器用さは世界一と言える」「漆は日に当てるといずれは土に返るが、保存と手入れを良くすれば千年持つ。食器その他の器具も百円のプラスチック製ではなく、一万円の漆器を使う方が、経済的にも、地球環境問題の視点からも良いのではないか」「陶器と漆器のお椀の使い方も、現在とは逆にし、温かいご飯は保温に優れた漆器で、熱いみそ汁やお茶は冷めやすい陶器でというのが合理的」「二十世紀の芸術は自己の主張表現を指向したが、二十一世紀の芸術は相手のことを考えて作る日本工芸の価値観で！」

◆竹工芸

藤沼昇《ふじぬまのぼる》　人間国宝。一九四五（昭和二十）年生まれ、メトロポリタン美術館に三百点を寄贈。

「伝統工芸は『用の美』である」「茶道の千利休は、桂川の漁師が使っていた竹の魚籠を茶室の花活けにした」「竹工芸には、気、真・善・美、無垢のこころが必要」「後継者育成には茶室教育が最適」

◆陶芸・楽焼

樂吉左衛門《らくきちざえもん》　樂家十五代当主。一九四九（昭和二十四）年生まれ、東京藝術大学彫刻科卒。

「ヨーロッパの彫刻は自己表現、陶芸は『用の美』」「ドイツの哲学者ハイデガー（一八八九～一九七六）は、『もの』には①自然物②道具③芸術作品の三種類があると言うが、日本の工芸は②と③を一体化したもの？」「他力と自力は同じ……」「『私』という主語がない自分こそ日本人の原点」「初代長次郎の作品『大黒』『無一物』について柳宗悦の評あり。作為を超えた無心」「満月を愛でるのではなく、雨の中で見えぬ月を想うこころ（徒然草）である」

◆紬織

佐々木苑子《ささきそのこ》　キリスト教徒で、人間国宝。

「紬は、繭から真綿を紡ぐ」「後染め、草木染め（緑は黄色と藍から）、栗きんとんの黄色はクチナシの実から、紅は烏梅《うばい》」「心を平静にしないと色が濁る」

◆陶芸・鍋島焼

今泉今右衛門《いまいずみいまえもん》　人間国宝。一九六二（昭和三十七）年、佐賀有田で生誕。武蔵野美術大学卒。

「鍋島焼は有田焼の一つで、鍋島藩ご用達。ヨーロッパに多く輸出される」「墨はじきの技法で余白の美を作る。余白＝『空』……長谷川等伯の『松林図屏風』に通じる」

◆小鼓

大倉源次郎《おおくらげんじろう》　人間国宝。一九五七（昭和三十二）年、大阪生まれ。

「能は法相宗《ほっそうしゅう》の唯識の思想に根を持つ芸術。神、男、女、狂、鬼の五番立のストーリー。翁が最初に来る。次いで神＝八百万の神々、男＝闘争心、出世欲の修羅能、女＝花の精、狂、鬼（鬼退治で終わる）と、ビッグバンから現在までの壮大なドラマが一日がかりで演じられる。そのストーリーが二百四十曲もある」「能は神も仏も出てくる＝神仏習合のストーリー。金峯山寺の本尊蔵王権現（権現は神の姿で出てくる仏）は修験道の役行者《えんのぎょうじゃ》（役小角）が修行中に示現したと言われる。このようなものとして、徳川家康が能を武家の式楽として制定した」「鼓には、打つ呼吸と間の取り方がポイントになる」

◆刀匠

宮入小左衛門行平《みやいりこざえもんゆきひら》　人間国宝。一九五七（昭和三十二）年、長野県坂城町で、人間国宝宮入行平の次男として生誕。

「アニメやオンラインゲームの『刀剣乱舞』がきっかけで、最近は刀剣の展示会参加者の八割が女性」「刀剣のコレクションとしては、ポーランドのフェリクス・ヤシェンスキがクラクフの博物館に収集」「玉鋼《たまはがね》はたたら製鉄で、低温で純度の高いものを作る。さらに燃焼時に鞴《ふいご》で炭素を減らし純度を高める」

◆友禅

森口邦彦《もりぐちくにひこ》　人間国宝。一九四一（昭和十六）年、京都生まれで、京都市立美術大学卒、フランス留学。

「江戸時代に、小袖の染デザインとして友禅染めが始まる」「デザインは写生から始まるが、写生は坐禅瞑想そのもの。さらに造形の世界には神の啓示がある」

◆木工芸

須田賢司《すだけんじ》　人間国宝。一九五四（昭和二十九）年、東京生まれ。

「木工芸には、刳物（くりもの＝中をくりぬく）、挽物（ひきもの＝ろくろで挽く）、指物（さしもの＝裁断した木切れを指す）がある」「木工芸は日本オリジナルなもの。古くは、福岡の雀居《ささい》遺跡（BC一世紀）から木工品が出土されている」「奈良時代には勅令により四年間で木工の百万塔が制作され全国に配られた」「後継者養成のため、自宅で塾を始めている。スピリットが重要で、結果よりプロセスが大事である」

◆彫金・加賀象嵌

中川衛《なかがわまもる》　人間国宝。一九四七（昭和二十二）年、金沢生まれ、パナソニックでデザインを担当。

「象嵌は、金、銅、銀の合金を作り、鏨《たがね》で彫る」「デザインについて、日本や中国は（現物の）花鳥風月を好み、ヨーロッパでは線や幾何学模様など抽象性を好む」

◆茶道

千玄室《せんげんしつ》　茶道裏千家十五代当主。一九二三（大正十二）年、京都生まれ。

「桓武天皇が平安京を開いた七九四年以来、千二百年の歴史をもつ。茶の湯は武家の作法であり、武士は武道の他に、謡や馬術等一連の芸をたしなむ必要があり、自分も習得した」「真善美、和敬《わけい》清寂《せいじゃく》、もてなし（以て為す）が重要」「匠には、思想的なものと造形的なものがある」「こころは『伝承』するもの（禅で言えば『空』）、作品は『伝統』としてつながれるもの（同『色』）」

「茶道は、日常の俗事の中に存する美を崇拝する一種の儀式。茶道の本質は〝不完全なるもの〟を崇拝すること」（岡倉天心）

「天地自然の和気を楽しむ」（鈴木大拙、沢庵禅師）

◆細胞を生かす現代技術

大和田哲男《おおわだのりお》　一九四四（昭和十九）年生まれ。自然のままの冷凍保存技術（ＣＡＳ＝Cells Alive

System）を開発。例えば氷の結晶を細分化し解凍時に細胞を破壊しにくくする技術で食品（例えば生クリーム）を自然のまま保存する技術を開発。食品だけでなく、医療、深海探査などに用途が拡大、世界に広がっていて、同氏は「細胞を生かす男」として評価されている。島根県海士《あま》町《ちょう》など日本の地域の活性化にも一役買っている。

「直観力が大事、これはプログラミングできない」「ロボットは人間の手足になるが、ハートではない」

X章　明治から昭和への多様な流れ

——今日につながる実学・平等・人権・平和への思想

〈視点〉

明治以降の日本の近現代史は、未だに立場によって見方がいろいろで定まらず、公教育でも限られた事実を中心とした記述にとどまって、実相が見えにくくなっています。私たちは、教科書を踏まえながらも、自分でいろいろな生データにアクセスして、自分の頭で理解し真実相を把握することが必要です。

この難しい時代において「日本のこころ」はどのように継承され、発露され、また、忘れられて来たのかという視点から、以下にひとつの見方を提示してみました。

皆さんは、この時代をどのように考えていますか。

この時代のことを考えて、誇らしい時代であったと考えますか。それとも残念な時代であったと考えますか。

明治の国づくりは、誇らしい日本の歴史です。しかし、戦争の歴史には胸が塞がれます。「日本のこころ」は何処へ行ってしまったのでしょうか？

皆さんには、以下の本文の記述をひとつの参考に、時間をかけて、ご自身の肚に収まる見方（歴史観）を築き上げる旅路に漕ぎ出していただきたいのです。

幕末から明治、大正、昭和（戦前）にかけ、日本は列強からの脅威に対抗するため、急速な近代化を目指しました（この隷属を断固拒否する日本の姿勢は聖徳太子の時代から受け継がれているのかもしれません）。政府は目的に向けて挙国一致させるために様々な「統制」を強化しましたが、一方ではそれにバランスして統制より民意を重視する別の流れ、「自由民権運動」「人権尊重思想」が興りました。

明治維新により国家的な発展基盤を構築することに成功した日本でしたが、その後の国家の歩みは、強大国が覇権を競う二十世紀の厳しい世界情勢の中で、「洋才」としての知識や技術の力への傾斜が急速に強まり、国策の大勢が「日本のこころ」の発露としての王道（自利・利他の均衡）から外れ、覇道（自利・利己のみ）に大きく傾いて、昭和の時代には世界と戦う結果となって、未曾有の敗戦の憂き目を見るに至りました。

この時代の日本への内外からの批判には真摯に受け止めなければならないものがありますが、一方では、「日本のこころ」の発露と言える流れが別にあったことも事実として忘れてはならないでしょう。

明治以降の近代国家建設を急ぐ中央政府による有司専制政治の陰で、その流れに抵抗し、別の形で健全な日本のあり方を追求することとなった多くの流れがありました。その流れは、一方では板垣退助《いたがきたいすけ》、中江兆民《なかえちょうみん》、大隈重信《おおくましげのぶ》らの自由民権運動に、他方では田中正造《たなかしょうぞう》などの環境破壊防止の社会運動や農民救済、人権尊重の流れへとつながり、世界に対しては、国際連盟への人種平等決議提案や植民地解放・アジア解放、独立支援への流れもあったことは事実です。

◆新しい国家像の模索

自主独立の近代国家建設

世界の帝国主義国家による植民地支配が進む中で、日本が独立を全うするための富国強兵策は、明治政府の至上命題でした。

日露戦争に勝利するまでの明治の歴史は、よく知られているので、ここでは省略します。

新しい国家建設の過程で、忘れてはならない人物は多いですが、ここでは「自主独立」というキーワードから、二人の人物について少し触れてみます。

◆福澤諭吉《ふくざわゆきち》

福澤諭吉は、「地方分権」「平等論」「自由民権運動」「国会開設運動」「教育・啓蒙活動（蘭学塾、英語塾、慶應義塾）」「朝鮮改革支援運動（金玉均《きんぎょくきん》・朴泳孝《ぼくえいこう》など）」「アジアの改革派の支援」「男女同等論・女性解放論」などを唱え、これらの先駆的唱導《しょうどう》者でありました。

同時に、居合道（立身《たつみ》新流居合）の免許皆伝の達人、晩年まで稽古に励む（一日千本）という側面もありました。

学問とは、古文を読み和歌を作るなどの文学ではなく、日用の読み書き、算盤、地理学、究理学、歴史学、経済学、修身などの実学であると、『学問のすゝめ』に説き、実学を勧めました。『文明論之概略』で、文明の進歩は知と徳の進歩だが、日本は伝統的に知より徳を重視してきた、今後は知を重視すべきだと述べています（徳も重要だがバランスを取れということでしょう）。

福澤は、強い民権論と強い国権論を併せもった思想家であったといえます。福澤が最も重視したのは日本の国の独立であり、独立を保つために国民の一人ひとりが独立不羈《どくりつふき》の気力をもつことが必要であると説きました（一身独立して一国独立する）。

福澤は「東洋の儒教主義と西洋の文明主義を比較して見るに、東洋においてなきものは、有形においては数理学（科学のこと）、無形においては独立心と、この二点である」と、西洋人の強い独立心を看破し、一方では日本人の独立心を昔の武士の中に認めたのでした。福澤は「今の独立の士人も、その独立の法を、昔年の武士の如くして、大いなる過なかるべし」と言っています。

◆渋沢栄一《しぶさわえいいち》

渋沢栄一は、「武士も庶民も異ならず、士農工商の身分は人間価値による違いではなく、職分や職域の相違に過ぎない」と主張し、また経済と道徳の一致を唱えました。倹約の奨励や正しい利益の追求と富の蓄積を、天命の実現と捉えた思想は、プロテスタントの「カルヴィン主義」型商業倫理の日本版とも解釈することができ、その考えと実践は明治期日本の殖産興業や産業革命の原動力になったといえます。

（渋沢については、XI章で詳述するのでここでは省略します）

◆自由民権運動と民撰議院設立に至る流れ

明治六年政変（一八七三年）では西郷隆盛、板垣退助、副島種臣《そえじまたねおみ》、江藤新平などの遺韓※（征韓）派が敗北しました。

政府を去った西郷を除く四参議（板垣、後藤、江藤、副島）と由利公正《ゆりきみまさ》などが連署して、一八七四（明治七）年に民撰議院の建白書を提出しました。これが日本の民権運動のスタートです。この建白書が出ると、民撰議院設立の声は全国に燃え広がりました。

西南戦争では復古主義者だけでなく、急進的な民権論者で西郷軍の戦列に加わって没した者は少なくありませんでした。一八七五（明治八）年に大阪で開かれたはじめての民権派の全国会議の代表出席者のほとんどが、西郷軍の戦列に加わるかその支援の動きを示しました。中江兆民は西郷幕下の参謀となることを志して、熱心に勝海舟に懇請して紹介斡旋を求めたが間に合わなかったのです。鹿児島士族の一般的風潮は、概して開明派の気風を嫌ったもののようにみえますが、復古一点張りではなく桐野利秋《きりのとしあき》は「西郷はワシントンたるべし」というのを常としていました。

自由民権運動は、一八七四年（明治七年）の民撰議院設立建白書の提出を契機に始まり、それ以降、薩長藩閥政府による政治に対して、憲法の制定、議会の開設、地租の軽減、不平等条約改正の阻止、言論の自由や集会の自由の保障などの要求を掲げ、一八九〇（明治二十三）年の帝国議会開設頃まで続きました。

※征韓論という誤解

西郷の遣韓論は、即時出兵には反対で、軍隊を使わず礼を尽くした交渉をすべきであるとしてその朝鮮への全権大使を自分に任命してもらいたいと主張したもの。日本政府の筆頭参議・陸軍大将という重責を担う自分が、非武装の裸同然で「烏帽子直垂《えぼしひたたれ》」に身を正し、単身で乗りこめば、朝鮮も話を聞いてくれるだろうという自信があったのでしょう。

◆人種差別撤廃に向けた努力

マリア・ルース号事件

一八七二（明治五）年、横浜港に停泊中のマリア・ルース号（ペルー船籍）内の清国人苦力を奴隷であるとして日本政府が解放した事件です。日本が国際裁判の当事者となった初めての事例でした。

外務卿副島種臣と神奈川県権令大江卓《おおえたく》は、清国人二百三十人を救った人道主義者ということで、当時、横浜華僑団体は、この二人に感謝し、大旆《たいはい》という巨大で立派な旗を贈りました。

パリ講和会議における人種差別撤廃提案

一九一九（大正八）年、第一次世界大戦後のパリ講和会議の国際連盟規約草案委員会において、大日本帝国は「国際連盟規約」中に人種差別の撤廃を明記するべきという提案をしました。この提案に当時のアメリカ合衆国大統領だったウッドロウ・ウィルソンは反対で、ことが重要なだけに全員一致でなければ可決されないとして否決しました。国際会議において人種差別撤廃を明確に主張した国は日本が世界で最初でした。

◆人道的な救助活動

オスマン帝国の軍艦「エルトゥールル号」の遭難救助

一八九〇（明治二十三）年、オスマン・トルコ帝国のエルトゥールル号は、皇帝アブデュルハミト二世の親書を明治天皇に届ける目的で、親善訪日使節団として訪日しました。その帰路の九月十六日、和歌山の串本沖で、台風の影響で座礁沈没し約六百名が遭難しましたが、住民総出の救助により六十九名が救助され、日本海軍の軍艦で本国に送り届けられました。

茶道家元の山田寅次郎《やまだとらじろう》は、明治天皇の支援もあって全国から集まった義援金に加え、自ら国民的キャンペーンを行って集めた義援金（二年間かけて現在価値で約一億円）を、一八九二（明治二十五）年、首都イスタンブールに持参して、犠牲者の遺族に寄付として渡し、皇帝にも面会して大歓迎を受けました。山田はこの地に留まり、士官学校で日本語や日本文化の教鞭をとることになりましたが、その生徒の中にケマル・アタチュルク（後のトルコ革命、初代トルコ共和国大統領）がいました。ケマル・アタチュルク大統領は、古くなった樫野崎《かしのざき》の弔魂碑の新設も行っており、碑は一九三七（昭和十二）年に除幕されました。

一九八五（昭和六十）年のイラン・イラク戦争で、日本人がイランから脱出できない状況に陥った時、外交官同士の連絡で、急きょトルコ航空が旅客機を提供し、二百十五名の日本人を救出してくれました。

日本貨物船・陽明丸によるロシアの子ども八百人の救出

一九二〇（大正九）年のロシア革命後の混乱期に、米国赤十字社の要請に応じ、陽明丸は、疎開先の南ウラル地方からシベリアまで避難してきた子どもたちを、三ヶ月の大航海で日本経由で太平洋を横断し、アメリカから大西洋を横断して当時の首都ペトログラードの親元に返すため、機雷が漂うバルト海を通過するという、危険で失敗が許されない大航海を敢行し、八百人のロシア難民の子どもを救出しました。

この出来事を描いたノンフィクションの著者である書家の北室南苑《なんえん》氏は二〇〇九（平成二十一）年、サンクトペテルブルグで個展を開いた時、思いがけずある人から日本人船長探しを頼まれ、そこからこの風化していた事実が明らかになりました。北室氏は、この大航海を成功させたキーパーソンとして、陽明丸の船長・茅原基治《かやはらもとじ》、陽明丸の船主・勝田銀次郎《かつたぎんじろう》、シベリア派遣軍の高級幹部・石坂善次郎《いしざかぜんじろう》などにスポットを当てています。「彼らは決して歴史を主導する立場にいた者ではなかった。あくまでも現場の人間として、個々の良心の命じるままに日々の活動を献身的に行なっていた。それが、ある日ある時、苦境に陥っている弱者の一団に遭遇し、彼らの運命を深く憐れみ、自分にできることをしなければと決意した。そのまま見過ごすことは、彼らの倫理観に反するものであった。それは同時にリスクを伴う行為だったが、彼らは敢然と行動に移した」。（北室南苑編著『陽明丸と八〇〇人の子供たち―日露米をつなぐ奇跡の救出作戦』並木書房より）

シベリアに取り残されたポーランド孤児の救助

一九一七（大正六）年ロシア革命が勃発。激しい内戦状態の中、シベリアで暮らすポーランド人たちはさらに困窮した生活を強いられました。ウラジオストク在住のポーランド人たちが救済委員会を設立し、シベリアに住む戦争孤児たちの救出を欧米各国に働きかけましたが、要請を受け入れる国がない中、唯一日本政府がこれを受け入れることとなりました。

一九二〇（大正九）年には三百七十五名、一九二二（大正十一）年には三百九十名の孤児が、東京や大阪に受け入れられ、収容所の生活で体力を取り戻した後、ポーランドに送り届けられました。この話は、ポーランドの学校でも教えられ、テレビでも紹介されました。七十年以上後の一九九五（平成七）年の阪神・淡路大震災の折、ポーランドからは多くの支援がありましたが、支援を呼びかける訴えの中に「孤児救出の恩返しを」という声もあったとのことです。ポーランドが親日の国になっている背景のひとつと言われています。（早坂隆著『すばらしき国、ニッポン』文響社より）

迫害を受けたユダヤ人の救出

一九三八（昭和十三）～一九四〇（昭和十五）年の頃、東條英機《とうじょうひでき》、樋口季一郎《ひぐちきいちろう》少将（のちに中将）、安江仙弘《やすえのりひろ》大佐、杉原千畝《すぎはらちうね》、小辻節三《こつじせつぞう》などが、ユダヤ人救出に努力したことは、現在でもユダヤ人の中で知られています。（詳細は省略）

ジャワ沖海戦での敵兵救助

一九四二（昭和十七）年三月、ジャワ・スラバヤ沖海戦における駆逐艦「雷」（艦長工藤俊作《くどうしゅんさく》海軍中佐）が、撃沈された英国海軍東洋艦隊の巡洋艦エクセターと駆逐艦エンカウンターから海に飛び込んだ乗組員四百二十二名を、ほぼ一昼夜かけて救助し、病院船に引き渡すまで丸一日、敬意をもって介抱と面倒を見た。「雷」の乗組員は百二十名にも関わらず、実に四倍の敵兵を救い、かつ士官室なども譲って丁重に取り扱った。また工藤艦長も部下たちも、その後この話をひけらかしも誇示してもいない（「当たり前のことをしたまでで、他の日本海軍の船も同様なことは規模は別としてやっている」と後に語っている）。この話が世に出たきっかけは、救助された一人、当時英国海軍大尉（エンカウンター乗船）で戦後外交官として活躍したサミュエル・フォール卿が、一九八七（昭和六十二）年にアメリカ海軍の機関誌新年号に工藤艦長と「雷」乗組員の義挙と栄誉を紹介し讃える「武士道」と題した長文の寄稿をしたことによる。また同氏は一九九八（平成十）年五月の天皇皇后両陛下の英国訪問直前にタイムズ紙へも同様な文書を投稿、起こりつつあった訪欧阻止や嫌日モードを鎮静化した。（惠隆之介著『海の武士道』産経新聞出版、『敵兵を救助せよ！　駆逐艦「雷」工藤艦長と海の武士道』草思社より）

（過去の戦争の中で、日本が他国民に与えた被害の大きさや自国民が負った被害の大きさは、忘れてはなりませんが、前述の事実も記憶されるべきことだと思います。）

◆官僚主義に対抗した人たち

田中正造の生涯を掛けた鉱害被害救済の活動

田中正造
（国立国会図書館ウェブサイト）

田中正造（一八四一〜一九一三）は、日本初の公害事件と言われる足尾鉱毒事件を明治天皇に直訴した政治家です。信念で闘い続け、財産はすべて鉱毒反対運動などに使い果たし、死去した時は無一文でした。その思想的基盤を問えば、やはり陽明学的な素養に基づく実践行動があったのでしょうが、その挫折の過程を経て、晩年にキリスト教に救いを求めざるを得なくなるほど、日本の長い歴史が作った政治の悪弊（事大主義と官僚主義）の壁は大きかったという見方もできます。

（林竹二著『田中正造　その生と戦いの「根本義」』田畑書店）

非戦・和平派の軍人たち

明治から大正にかけて、憲法制定と国会開設がなされ、普選により二大政党が政権を維持する憲政の常道の時代が訪れて、国民は大正デモクラシーの時代を謳歌することができました。

しかし、その後昭和に入って軍部が台頭し、満州事変、五・一五事件、二・二六事件、日中戦争、対米開戦という経過をたどって、敗戦の憂き目を見るに至りました。

この昭和の時代の軍部の台頭と戦争の失敗の歴史については、複雑な背景があるため、その真相の解明はなお十分になされたとは言えない面があります。

この時代をリードしたのは、軍部（軍備拡大を主張する海軍・艦隊派と陸軍・統制派）とそれに引きずられた、政治家、官僚、知識人、マスコミでしたが、その陰で、非戦を貫いた軍人たち（条約尊重・非戦・和平を主張）がいたことは、必ずしも十分に知られていません。

昭和の歴史を根底から運命づけたのは、政党政治の大正デモクラシーを崩壊させた一九三二（昭和七）年の五・一五事件（犬養毅《いぬかいつよし》首相殺害）ですが、その背景には、ワシントン体制（軍縮）に危機感を募らせた海軍・艦隊派の海軍を中心とする国防強化への焦りがあったといえます。

海軍には条約尊重、国際協調を主張する勢力、陸軍には、ソ連一国に備えるための中国・米国との非戦・和解を主張する勢力がありましたが、五・一五事件を契機に、政党政治は壊滅し、斎《さい》藤実《とうまこと》、岡田啓介《おかだけいすけ》の海軍・艦隊派内閣が成立し、その結果、陸軍では、農民の窮乏や日中戦争の拡大に抵抗する非戦論の勢力が片隅に追いやられました。日独伊三国軍事同盟、日中戦争拡大（対支一撃論）などを主張する陸軍・統制派が、海軍・艦隊派とともに権力を握り、それが兵隊の故郷である農村の窮状を案ずる陸軍青年将校の反発を生んで、一九三六（昭和十一）年の二・二六事件をもたらしたのです。

二・二六事件後は、軍内の対中非戦・和平を主張する勢力は粛清され、その後の日中戦争拡大、対米開戦に至る日本の運命を決定づけたといえます。

どの国でも実戦の悲惨さを知る軍人にはリアリストが多く、政治家が戦争を起こし、軍人が和平を主張する例は少なくありません。未だに近現代史は検証がなされ続けていますが、昭和の政治の失敗を、単純に軍部のみの責任とすることについては慎重であるべきと思います。

その後も中国との和平を追求する陸軍の非戦派の努力は断続的に続いていて、南京攻略の後の近衛文麿《このえふみまろ》首相による「国民政府ヲ対手トセズ」との声明発出の過程でも、トラウトマン和平工作による対中和平成立に望みをかけていた参謀本部多田駿《ただはやお》次長は「中国との前途暗澹たる長期戦は絶対にいけない」と最後まで抵抗を示しました。制服組（軍人）が和平を主張し、政治家、マスコミ（背広組）が戦争を選択した典型的な例といえましょう。

（鈴木荘一著『雪の二・二六　最大の反戦勢力は粛清された』、『三島由紀夫と青年将校　五・一五から二・二六』ともに勉誠出版）

石橋湛山《いしばしたんざん》

石橋湛山は、明治・大正・昭和の三つの時代にわたって活躍した言論人・政治家・思想家であり、戦前は、植民地放棄論、小国主義を唱えた異色の経済ジャーナリストです。戦後、政界に転身して第一次吉田茂《よしだしげる》内閣の大蔵大臣を務め、独立後、鳩山一郎《はとやまいちろう》内閣の通産大臣を三回連続して経験し、一九五五（昭和三十）年の保守合同の後、自由民主党第二代目の総裁、第五十五代内閣総理大臣となりましたが、健康を害し、二ヶ月弱で退陣しました。退陣後は中華人民共和国との国交正常化に尽力しました。

湛山は、後世に二つの超時代的構想を残しています。そのひとつは、戦前から主張してきた帝国主義の否定を特徴とする「人中心」の小国主義であり、二つ目は、戦後の冷戦時代下に打ち出した世界一家を理想とする「日中米ソ平和同盟」構想です。

前者は小国日本の針路を示し、戦後日本の復興・成長に基本理念を提供し、後者は冷戦後のグローバル化する世界の趨勢を予見し、今日の国際社会における国家のあり方を示しました。

◆生い立ちと人間形成

一八八四（明治十七）年、日蓮宗僧侶の杉田湛誓《すぎたたんせい》（後に身延山久遠寺第八十一世法主）の長男として出生。小学三年の時から長遠寺・望月日謙《もちづきにっけん》（後に身延山久遠寺第八十三世法主）に預けられ育ちます。

一八九五（明治二十八）年、山梨県立尋常中学校に入学し、大島正健《おおしままさたけ》校長と出会います。大島校長は札幌農学校の第一期生で、直接クラーク博士より薫陶を受けた熱心な教育者です。中学時代の七年間、湛山は日謙師と大島校長を通じて、クラークの「開拓者」精神、民主主義・個人主義の理念、および日蓮の堅忍不抜な信念の感化を受け、教育者と宗教家になろうと志を固めました。

中学卒業後、早稲田高等予科に入り、翌年大学部文学科（部）の哲学科に進学。そこで、田中《たなか》王堂《おうどう》に巡り合います。王堂は明治・大正期の哲学者・文芸批評家であり、石橋湛山の思想形成に深い影響を与えました。王堂は哲学の価値基準を人間の社会生活に置き、いかに哲学を書斎の理論から解放し、人間の生活に役立たせるかを目指しました。

一九〇七（明治四十）年、早稲田大学文学科（部）哲学科を首席で卒業。「特待研究生」（今の大学院）に推され、一年間、大学の奨学金でさらに研究を深めました。

毎日新聞社に入社し一年足らずで退職。麻布の第一師団に「一年志願」兵として入営後、一九一一（明治四十四）年一月に東洋経済新報社に入社します。しかしながら同年九月に自らの意思で再入営し、歩兵少尉となり、その後予備役となります。

◆小国主義ビジョンの確立と帝国主義批判

湛山は大正デモクラシー期におけるオピニオンリーダーとして、いち早く「民主主義」を提唱。帝国主義に対抗する平和的な加工貿易立国論を唱えて台湾・朝鮮・満州の放棄を主張する（小日本主義）など、リベラルな言論人として活躍しました。

一九二五（大正十四）年に東洋経済新報社代表取締役専務となり、日中戦争勃発から敗戦に至るまで、誌上で戦争の長期化を戒める論陣を張ります。同誌は、内務省から監視対象にされ、インクや紙の配給を大きく制限されましたが、廃刊は免れました。

◆政界への転身

一九四六（昭和二十一）年、戦後すぐに日本自由党から総選挙に出馬。落選したものの第一次吉田内閣の大蔵大臣として入閣。傾斜生産や復興金融金庫の活用を特徴とするデフレ解消の「石橋財政」を推進しました。戦時補償債務打ち切り問題、石炭増産問題、進駐軍経費問題等では、GHQと対立しました。進駐軍経費は賠償費として日本が負担しており、国家予算の三分の一を占めていたので、この巨額負担を下げるよう要求して負担額を二割削減しました。戦勝国アメリカに勇気ある要求をした湛山は、国民から「心臓大臣」と呼ばれましたが、GHQに嫌われ公職追放されました。一九五一（昭和二十六）年の追放解除後は、自由党鳩山派の幹部として打倒吉田に動きます。

一九五四（昭和二十九）年の第一次鳩山内閣で通商産業大臣に就任。湛山は中華人民共和国、ソビエト連邦との国交回復を主張し、アメリカの猛反発を受けます。翌一九五五（昭和三十）年十一月、保守合同により自由民主党が結成され、湛山も合流しました。

◆石橋内閣の誕生

一九五六（昭和三十一）年、鳩山首相の引退を受けて自民党総裁選に立候補し、対立候補の岸《きし》信介《のぶすけ》を破って当選。同年十二月二十三日、内閣総理大臣に指名されました。

石橋内閣の政策方針は、日本の高度経済成長の道筋を示した積極財政政策、安保体制に頼らない独立自主外交、および軽武装再軍備の三点でした。

石橋湛山
（国立国会図書館ウェブサイト）

しかし一九五七（昭和三十二）年一月二十五日、軽い脳梗塞で倒れ、二ヶ月弱で退陣。退陣後は中国との国交正常化に尽力。自民党内ハト派の重鎮として活躍しましたが、一九六三（昭和三十八）年の総選挙で落選し、政界を引退しました。一九七三（昭和四十八）年、自宅で逝去。享年八十八歳。

（参考文献：姜克實著『人物叢書　石橋湛山』吉川弘文館）

◆抑圧された植民地解放のために戦った人たち

一九四三（昭和十八）年十一月、アジアの七ヶ国首脳が東京に集まり、大東亜共同宣言が出されました。アジアの植民地解放は、明治以来の多くの日本国民の願いではありましたが、一方でアジアへの国権の伸長という、利己的な意図を重視するイデオロギーとして主張する者も多かったのです。大東亜戦争のイデオロギーについても、例えば次の①の大東亜建設審議会での委員（財界人）の発言が示しているように、自国の国益に偏した発想しか持てない日本人も多かったのですが、②の事実のようにインド、ミャンマー、インドネシアなどの植民地からの独立のため、現地の人たちとともに植民地からの独立の戦いに、自らの意思で参加して死んでいった多くの日本人がいたこと、彼らのことが今日でも現地で高く評価されていることは事実として記憶されるべきでありましょう。結果として戦後合計百ヶ国以上が国家の独立と民族自決を果たすことになりました。

①財界人の鮎川義介《あゆかわよしすけ》は「大体、日本ノ戦争ノ目的ト云フモノハ、一般的ニハ大東亜共栄圏ヲ確立スルコトニナッテ居リマスケレドモ、ソノ一番本ヲナスモノハ何カト云フトキ、ヤハリ日本ノ

権益ト云フモノガ一番主体ヲナサナケレバナラヌ……」、また津田信吾《つだしんご》（鐘紡社長）は「結局ハ搾取ヲシテ、日本ヲ強メルコトニ帰着スル、コレハ誰デモ考ヘテ居ルコトデ、……」と発言したと記録にあります。

②インド国民軍と共にインド独立のために戦って死んだ士官や兵士たち、ミャンマー独立のために、アウンサンのビルマ独立義勇軍とともにイギリス軍と戦って死んだ士官や兵士たち。ベトナムでは数百人（一説には六百～八百人）の日本兵が第一次インドシナ戦争におけるベトミン軍に加わり、フランスからの独立戦争を戦ったと言われています。

③インドネシアでは、敗れた日本軍は、連合軍の命令により、東南アジアの各占領地域を現状維持のまま、上陸する連合軍部隊に引き渡すことになり、インドネシア人の独立派への武器引き渡しも厳禁とされていました。しかし現実には旧日本軍将兵が独立軍の将兵の教育や作戦指導に参加するとともに、自ら戦闘に加わるなどしました。日本に引き揚げずに独立派に身を投じた元日本兵は数千人に上りました。

◆戦後の日本を勇気づけたジャヤワルダナ大統領

一九五一(昭和二十六)年、サンフランシスコ講和会議では、一部戦勝国が日本分割論を強硬に主張して紛糾した中で、セイロン(現スリランカ)代表として出席したジャヤワルダナ大蔵大臣は、「軍隊の駐留による被害や我が国の重要産品である生ゴムの大量採取による損害は当然賠償されるべきである。しかし、その権利を行使するつもりはない。なぜなら、仏陀の『人はただ、愛によってのみ憎しみを超えられる、人は、憎しみによっては、憎しみを超えられない』との言葉を信じるからである。ソ連の修正条項に我々が同意できない理由は、制約をつければ、日本が宗主権と平等と尊厳を取り戻すことが不可能になるからである」と演説し、日本は真に自由で独立した国家でなければならないと、参加国に寛容の精神を求めました。日本の全権の吉田茂は演説後、涙を浮かべて同氏に感謝し、同氏は「アジア随一の外交官」との国際的賛辞を得て外交舞台で時の人になりました。

同氏が演説でひいた仏陀の言葉は、法句経《ほっくぎょう》「ダンマパダ」(「真理のことば」)の一節であり、仏教徒が多い日本人の琴線に触れるものがありました。

ジャヤワルダナ氏は後に首相・大統領に就任し、日本の各界の歓迎を受けて七回来日し、鎌倉長谷の大仏殿に顕彰碑があるほか、日本の各地に交流の跡を残しています。戦後日本の立ち上がりに勇気を与えた外国人は多くいますが、忘れてはならない一人です。

◆パール判事の戦後日本への思いと下中弥三郎

第二次大戦後の極東国際軍事裁判において、唯一被告人全員の無罪を主張したインド人裁判官ラーダービノード・パール（一八八六～一九六七）は、戦後四度来日しています。受け入れた日本人の中で最も信頼していたのは※下中《しもなか》弥《や》三郎《さぶろう》（平凡社の創業者で戦後世界連邦運動を推進）であり、二人は義兄弟の契りを結びました。二人の考えは、東洋的な非暴力平和主義をベースとする世界連邦を目指すべきという点で完全に一致していました。

パール判事

ただパールは、戦後の日本の再軍備や対米追随の姿勢には批判的姿勢を崩さず、日本での講演会では何度も戦後の日本人に反省を迫りました。パールは、非暴力不服従主義で大英帝国と戦かってきたマハトマ・ガンジーを最も尊敬していました。そして「みなさんは、次の事実を隠すことはできない。それはかつてみなさんが、戦争という手段を取ったという事実である」と述べ、日本の再軍備を批判しました。

日本無罪論の主張についても多くの日本人は誤解している面があり、パール判決は「過去の日本の行動を見さかいなく全部是認していると即断してはならない」とするA級戦犯で元外務大臣重光葵《しげみつまもる》の見方が正しいと考えます。

パールの日本への期待は、諸講演や最後の来日時に示された論稿「若き日本の世界的使命」や「平和の条件」に示されています。

世界各地で力を持ち続ける軍国主義、人種差別意識、分割支配の企みに十分警戒をし、世界の統一のためには東洋的精神が重要であること。西洋の政治は常に外界を征服することに関心が向けられるが、東洋的無の精神はそのような計らいを極小化させる「控えめな積極性」を持つ。東洋と西洋が相まみえ融合することで、闘争や破壊を越えた世界秩序を形成することが重要だ、と訴えたのです。そして日本人には「魂の再軍備」を提唱し、強い宗教心と強い道徳心によって、恐怖観念なき、正道を踏みて死すとも悔いなき大勇猛心を涵養することを期待したのです。（中島岳志著『パール判事』白水社より）

※下中弥三郎（一八七八〜一九六一）は、現在の丹波篠山市で生まれ、幼いころに父親や祖父を亡くし、住家まで

失って日々の生活すらままならず、小学校は三年間しか在学できず、すぐに陶工（立杭焼）となって家計を助けました。その間、十分な教育を受ける機会は失われましたが、周囲の人たちの助けもあり、独学に励みました。

一八九九（明治三十二）年に神戸で小学校の代用教員になり、その後中学校、そして一九一二（明治四十五）年には埼玉県師範学校の正教諭へと順調に教員としての地歩を固めます。一九一四（大正三）年には『ポケット顧問　や、此は便利だ』を出版するために平凡社を創設します。自身の苦学の経験から、教育を受けなかった人たちにも自主的な学習のチャンスをもたらしたいという願いが強く、その後も、平凡社の事業拡大に努めるほか、労働運動や農民運動にも深い理解を示し、一九三〇年代からは国家社会主義の理論家として「大亜細亜協会」「大政翼賛会」などに積極的に参加、そのまま敗戦を迎えます。

戦後は、公職追放にあいますが、追放解除後平凡社に（社長、会長として）復帰します。その間も、パール判事の日本再来日（一九五二〈昭和二十七〉年）や湯川秀樹《ゆかわひでき》氏らとの「世界平和アピール七人委員会」の結成（一九五五〈昭和三十〉年）など、戦後の平和運動、「世界連邦運動」に積極的にコミットしました。

下中弥三郎
（下中記念財団所蔵）

下中弥三郎は、教育のない無名の人々の意識やこころの有り様～世界の多くの国々で見られた「大衆の不条理に対する怒りにも似た思い」～を背負って世に飛び出して来た人物で、「昭和を象徴する」人間の一人でありました。（下中記念財団のホームページ及び藤井卓志理事長（弥三郎の孫）のお話より）

XI章　世界に貢献する日本型産業の精神の源

——公益資本主義の世界展開、石田梅岩、渋沢栄一

〈視点〉

いま世界経済は転換期に直面しています。

戦後高度成長期以来、日本の産業界は、先進国に追いつけと、産業発展の基礎となる企業経営のあり方を世界的なグローバル資本主義の流れに合わせて変化させてきましたが、これまでのグローバル資本主義は、貧富の格差を拡大し、地球的規模で分断と対立をもたらし始めています。日本も例外ではありません。

いま日本では、渋沢栄一《しぶさわえいいち》の見直しが始まっています。『論語と算盤』は世界でも注目され始め、徐々にではありますが世界に少なからぬ影響を及ぼしつつあります。

つい最近まで、日本という特殊な国の遅れたシステムと見られていた日本型資本主義のあり方が、渋沢栄一の『論語と算盤』の再評価とともに、公益資本主義というグローバルな提案として見直されつつあります。

この日本型資本主義とは、一体どのような歴史を持ち、長い歴史の中で、どのように日本の経済社会の発展を支えてきたのでしょうか？

縄文の古代から中世、近世を経て、昭和の時代までを俯瞰して見てみましょう。

「日本のこころ」と同じように、独特の自然と風土の中で育ったモノづくりの精神、全体と個を習合するバランスのとれた組織論、三方良しの商業道徳などは、鎌倉時代の仏教の庶民化、リーダーとしての武士道精神、江戸時代に開花した商人文化などと相まって、明治以降の日本の産業発展を支える力となってきました。

それは、資本主義でいえば合本主義や公益資本主義として、グローバル化した株主資本主義に代わる新しい提案として、近時世界に発信されつつあります。

コロナ後の世界では、人新世《ひとしんせい》の時代の矛盾の解決に迫られています。時間の猶予の中で、大きな舵取りで地球号は進路の転換を迫られています。人類は成長自体を止めないと地球の危機は救えないという見方も広がりつつあります。

成長を止める、資本主義を止める、という転換は妥当であり、可能なのでしょうか？

分断と格差を避け、地球環境問題を解決し、そして自由と人権を踏みにじる全体主義の管理社会を避ける、新しい経済原理、企業のあり方はどうあるべきなのでしょうか？

このことを考えながら、日本型資本主義の歴史から見始めることにしましょう。

この章の後半は、日本型資本主義の発展のカギとなった、江戸時代の石田梅岩《いしだばいがん》、明治時代の渋沢栄一について、その生涯、人と思想について、やや詳しく見ていきます。

◆日本型資本主義の精神の源

江戸時代まで

欧米諸国において資本主義が発達した歴史的背景について見てみましょう。十六世紀の宗教改革によって、カトリック教会やローマ法王の権威が否定され、これまでの労働を賤しい必要悪の活動という捉え方から、世俗の労働も天職（ベルーフ）として位置付けられました。カルヴィン派を中心としたプロテスタントの間では、労働にいそしみ「神の栄光」を増すことが救いの証とされ、まじないや祈祷による救済をあてにせず、合理的かつ禁欲的に仕事を行って蓄財に励むことが奨励されました。プロテスタントの精神が内面化され、個人を突き動かす精神的駆動力（エートス）になったことが資本主義の発達に大いに資するところがあったのです。

一方、日本にも古くから独自の勤労の倫理と精神がありました。

奈良時代に、行基《ぎょうき》（六六八〜七四九）は平城京建設に際して、悪行をなした者は地獄に堕ち、善行を積んだ者は菩薩となると説いて、豪族に資本を出させました。布施屋を建てて粥を施し、集まってくる大勢の窮民の力を集め、唐の灌漑や土木の新技術を用いて農業用の池や溝を掘るなどの開発を進めました。その結果、土地が潤って、豪族には出した元手以上の利益が戻りました。こ

れが日本型資本主義のルーツだという説もあります。（長部日出雄著『仏教と資本主義』新潮社より）

日本の勤労哲学の代表的思想家は、鈴木正三《すずきしょうさん》、石田梅岩、二宮尊徳《にのみやそんとく》などでしょうか。

◆鈴木正三

鈴木正三は、日本で初めて職業倫理を説いた江戸初期の禅僧です。武士だった頃から常に生死について考えてきた正三は、より在家の人々に近い立場で仏教を思索し、特定の宗派に拘らず、念仏などの教義も取り入れ、仁王・不動明王のような厳しく激しい精神で修行する「仁王不動禅」を推奨しました。「世法即仏法　仏法即世法」――。正三は、生活の業を立派な行為と考え、心掛け次第で労働をそのまま仏行となしうる「職分仏行説」を提唱しました。この説は、農業を修行と考えて行動すれば農業即仏行。商人の利益も否定せず、正直の道にいれば仏行であるとし、人に奉仕した結果で利潤を生むことは良いことである、という考えです。

◆石田梅岩

石田梅岩は、長年の商家勤めから商業の本質を熟知し、「商業の本質は交換の仲介業であり、その重要性は他の職分に何ら劣るものではない」との立場を打ち立て、商人の支持を集めました。（本章・後述）

◆二宮尊徳

二宮尊徳は、私利私欲に走るのではなくこの世のすべてに感謝し、社会に貢献（これに報いる行動を取ること）すれば、いずれ自らに還元されるという「報徳思想」を説きました。尊徳は道徳と経済の両立を説き、「道徳なき経済は犯罪であり、経済なき道徳は寝言である」との名言があります。（第Ⅱ章参照）

今日の日本の産業社会を支えるひとつの基盤に、「鎌倉時代の宗教改革」（十二世紀中頃〜十三世紀：武士や庶民のための仏教へと改革など）があったという見方もあります。（寺西重郎著『日本型資本主義・その精神の源』中央公論新社より）

禅と念仏によって、専門修行者の世界から庶民全体に広がった鎌倉仏教の宗教改革は、今日の日本の産業社会を支える日本型マネジメント、企業道徳（武士道、商業道徳）、勤労の精神、モノづくり精神の土台となっています。例えば、

・日本型マネジメント（武士・武将）

a　現地現物のプラグマティズム、リーダーの自己責任・自己規律と末端組織の主体性を尊重する組織運営で、渋沢栄一の士魂《しこん》経営につながります。

・モノづくり（工人）

a　「モノづくり」の思想は、日本の風土（環境および材料としての木、植物、土、水などを含む）と縄文以来の工作技術の発展とが複雑にからんだ長い歴史の中で形成されてきました。

b　刀工、宮大工、彫刻家、工芸家などが、祈りを込めて対象物に「なりきる」精神は、日本製造業の「モノづくり」のベースとして近・現代の産業社会で開花しました。対象に「なりきる」ことは、禅の基本思想＝物と自己の一体化からも来るものです。

・「三方良し」の商業理念（商人）

a　商業は、室町以降に発達し、安土桃山時代（各大名による楽市楽座など）を経て、江戸期に飛躍的に発展しました（米市場・米相場の発達、諸大名の蔵屋敷が大坂・江戸に集積）。幕藩体制下での手工業・商業・交易の保護育成、参勤交代による各街道の発展・整備、海上交通（列島周辺の沿岸海運による蔵米や特産品流通交易）・河川交通の飛躍を見、情報社会への進展（宿駅や飛脚の発展、印刷技術の向上）を遂げて成長して、規模と質が拡大した商業資本や関連資本がインフラとして整備・形成されました。

b　江戸期に民間では陽明学への志向が高まり、実践的な倫理が重要視される中、石田梅岩などの「商業」と「道徳」と「世間・社会への公益」を結びつけた「儒教的職業倫理観」が商人のバックボーンとして形成されました。石田梅岩の心学は、今日において、CSRの模範といわれる「三方良し」の商業道徳のベースとなって、世界的に注目されています。

・ボトムアップの主体的取り組み（農民）

ａ　農民の主体的努力を導いた二宮尊徳の地域開発モデルは、日本の二十一世紀において、地方創生のモデルとして、大きく着目され始めています。

江戸期以来のこれらの伝統は、渋沢栄一の『論語と算盤』……現在の日本型経営につながっているのです。

明治から今日へ

江戸期までの基礎の上に、明治初めから、官製産業だけではなく、岩崎・三菱、三井、住友、古河そして渋沢栄一に代表されるような企業家精神溢れ、かつ欧米の商業資本やプロテスタンティズム的商業倫理・モラルと対等にわたりあえる資本家が登場し活躍できたのです。

電機業界だけ見ても、一八七五（明治八）年の東芝（田中久重《たなかひさしげ》＝からくり儀右衛門）、一八八一（明治十四）年の沖電気工業（沖牙太郎《おききばたろう》）、一八九九（明治三十二）年の日本電気（岩垂邦彦《いわだれくにひこ》）、一九一〇（明治四十三）年の日立製作所（小平浪平《おだいらなみへい》）と明治期に創立。大正期には、一九一七（大正六）年のパナソニック（松下幸之助《まつしたこうのすけ》）、戦後においては、一九四六（昭和二十一）年のソニー（盛田昭夫《もりたあきお》と井深大《いぶかまさる》）、一九四八（昭和二十三）年のオムロン（立石一真《たていしかずま》）、一九五〇（昭和二十五）年の村田製作所（村田昭《むらたあきら》）、一九五九（昭和三十四）年の京セラ（稲盛和夫《いなもりかずお》）等々。

昭和の時代、日本を代表する経営者はいろいろですが、松下幸之助、土光敏夫《どこうとしお》、出光佐三《いでみつさぞう》などが代表格でしょう。平成期のアメリカ流の経済改革は、日本経済の活性化をもたらしませんでした。昭和の経営者が、よりすぐれた普遍的な産業精神を実現していたのではないでしょうか。

◆松下幸之助

松下幸之助は、「利益とは、社会への貢献という企業の使命達成に対する（社会からの）報酬である」「松下電器はモノを作る前にヒトを創る」「松下電器ってどんな会社か？　と尋ねられたら、松下は人をつくっています、あわせて電気製品をつくっています、と答えなさい」と従業員に語っていました。

一九二九（昭和四）年の世界大恐慌の深刻な影響を被って、松下電器も、現金はなく借金ばかりの中、売り上げが激減する月日が続きました。幹部は、会社が生きのびるには、従業員を解雇するしかないと松下に訴えましたが、松下は熟考後言いました。「明日から全員半日出勤や。その上で午後は店員みんなで力を合わせ、ひとつでもええから在庫を必死になって売っていく。臨時雇いも含めて従業員は一人も解雇しない。これでもあかんかったら、そのときはいさぎようあきらめようや」。こうして松下は一人も解雇せず、恐慌の難局を乗り切ったのです。松下は「人が資本」であることを誰よりも熟知していた経営者でした。

松下はまた、「企業は利益ばかりを追求したらいかん。社会に奉仕したご褒美が結局は利益になって戻ってくるんや」と言いました。そして「会社は公器だ」と考え、利潤を一時社会から預かりして会社を継続させ、雇用を確保し、生活に役立つものを生産し続けることで、社会をより豊かなものにするのが会社であると考えました。

松下幸之助は「社会の公器として経営をしていく以上、従業員が会社と運命を共にするということは、同時に社会と運命を共にするということと相通ずる。これを前提として私は、この会社の経営をやっている。もしこれが相通じないのであれば、私はこの会社をやめる」等々の発言があり、このような発想で多くの企業経営者が真剣に取り組んでいれば、今ほど不祥事が多発するような事態は回避することができたのではないでしょうか。

◆土光敏夫

土光敏夫は、経営における合理性の追求に尽力し、無駄を除き、組織の合理化を徹底しましたが、人を切るのではなく、人を生かす合理性を追求しました。従業員の力を出し切るようにするのが社長の役目だと断言し、また、現場を重視する、現場主義の経営者でした。

その合理的経営の根幹には、強い倫理観と宗教心がありました。「経営者に限らないけど、人間は自分が正しいと思ったことをやることだ」「人間は信仰をもつべきだ」と発言し、毎日朝夕、法華経を読経していました。

政治家時代の石原慎太郎《いしはらしんたろう》は「土光臨調」と称されている第二次臨時行政調査会で土光に出会い、それ以来法華経を読み始め、『法華経を生きる』（幻冬舎）を出版しています。

◆株主資本主義のグローバルな見直し

二十世紀の後半から進展したグローバリズムは、世界のモノカルチャー化への反発、直接民主主義からの乖離への疑問、金融資本主義による貧富の格差の拡大と社会の分断などを背景に、世界的に見直し時期に入っています。

その中で、グローバリズムを支えた株主資本主義にも、大きな転換期がきています。

日本では、一時期すすめられた日本型経営からの脱皮、グローバル経営への転換の動きに、ここ数年、「会社は株主のもの」とする株主資本主義よりも、「会社は社会の公器であり、株主だけのものではなく、従業員、顧客、取引先、さらには地域社会や国や地球全体にプラスの貢献をする存在でなければならない」とする考えを、「公益資本主義」として議論する動きも加速しています。

「公益資本主義」の主唱者原丈人《はらじょうじ》氏の国際的な活動は、同氏をサポートするモルガン・スタンレーのトップの支持も得て、ウォールストリートの株主資本主義見直しの動きともつながっています。

二〇一九（令和元）年八月、米国の主要グローバル企業の経営者団体であるビジネス・ラウンドテーブルでは、会社をとりまくステークホルダーについて、一番目を顧客、二番目を従業員とし、株主を五番目とするランク付けを行い、株主資本主義からマルチ・ステークホルダー資本主義へ向かう流れが生じました。

二〇二〇（令和二）年一月、世界経済フォーラム年次総会（ダボス会議）では、新しいこれからの資本主義としてステークホルダー資本主義が提議されました。

日本国内の動きは、むしろ世界の動きに遅れる形となっていますが、関西経済連合会、中部・九州・北陸経済連合会は、二〇二〇（令和二）年九月に、そろって「中長期的な企業価値向上に向けたコーポレートガバナンス体制の構築」を求め、以下の骨子の提言を行いました。

①株主偏重経営は企業の中長期的な成長を阻害する
②対話を通じた企業価値向上と適切な情報開示
③単なる「形式」の整備ではなく「実質」を伴ったガバナンスを追求
④今後、長期保有株主の重視、四半期決算の廃止、社外取締役制度の見直し、ＲＯＥ経営の見直

しが進むのは必至である

政府においても、内閣や法務省で、会社制度の見直しの議論が始まっています。

このようなグローバルな新しい資本主義への動きは、「日本のこころ」を裏打ちとして発展してきた日本型資本主義の原点に通じるものであり、日本が世界に先駆けて実践していくことが可能ではないかと期待しています。

（参考文献：原丈人著『「公益」資本主義』文藝春秋）

◆人新世の経済は成長と決別すべきか

斎藤幸平著『人新世の「資本論」』の問題提起は正しいのか?

「人新世」は地質学用語で、人類の経済活動が地球に与えるインパクトが無視できないほど大きく、もはや地球は新たな地質年代に突入したと考えられることから、ノーベル化学賞受賞者のパウル・クルッツェンが名付けたものです。

同書の主張は、経済成長と環境問題の同時解決は難しく、デカップリングはもはや不可能であるということ。補足すると資本主義は本来的に経済成長を追求するものであることが前提にある。そのために労働や自然も搾取収奪してきた。自然の物質循環を越えるかたちで負荷をかけてきた。

これを新興国や途上国に転嫁してきたがこれも限界がきている。経済成長すなわち資本主義を追求する限り環境問題は解決しないという主張です。

私たちに残された時間は少ない。ならば、どうすればいいのでしょうか。

成長と決別すべきという判断には、重い響きがあります。

江戸時代の経済は、江戸文化の研究家・石川《いしかわ》英輔《えいすけ》氏の計算によると、幕府が雇う大工の賃金が二倍になるのに二百年かかっており、ここから計算すると、経済成長率は年に〇・三％ぐらいだそうです。当時の人の寿命を考えれば、一人の人生の間に「経済が大きくなった」とは実感できない、いわばゼロ成長に近い低成長経済でした。

資本主義自体については、少なくとも、江戸時代からある日本型の資本主義、即ち合本主義は、必ずしも成長を不可欠の前提としたものではなかったはずです。

これからは、公益がますます重要になることは必然でしょうが、人々の自由な発想と活動が保障される社会は失ってはならないと考えます。公益と私益のバランスを取りながら、管理社会化を避け、自由で開かれた循環型社会をどう築いていくのかが問われています。

◇石田梅岩

日本の商人道の創始者とも言われる石田梅岩は、農家に生まれて、商家に丁稚奉公するなど若くして苦労しながら独学を続け、神道から入り、後に儒学、仏道修行に努め、商工業者のための実践的な倫理の教えを確立しました。「心学」といわれるその教えは、江戸時代の商業の発展と共に、幕末にかけて全国に広まりました。

生涯

◆みじめな奉公人生活を体験

一六八五（貞享二）年、京都亀岡の百姓の次男として生誕。十一歳の時に京都の商家に丁稚奉公に出て辛酸をなめました。四〜五年の奉公を経て生家に帰り父のもとで農業を手伝い、独学で学問に励みました。まず神道から、後に儒学を学び、仏道修行を行いますが、神道への尊崇の態度は生涯変りませんでした。

二十三歳の時、京都の呉服商、黒柳家に手代（一人前の店員）として勤務。誰よりも早起きし、夜中に書を読み、主人の用命を疎かにしないという厳しい生活を自身に課しましたが、間もなく挫折して神経衰弱になったりもしました。

◆こころの「覚」から衆生済度の「行」へ

呉服店の経営の諸業務にも十分に体験を積んだ後、梅岩は京都の碩学《せきがく》の儒者のいくつかの塾の門を叩き、三十七〜三十八歳の頃には儒教の中心テーマである「性理の学」に通じたと自認するほどになりました。だが、頭の中の知的な理解では、知識を越えた人間の根本問題の会得には至らなかったため、四十歳の頃、呉服店を辞し、以後は専ら修行に明け暮れ、諸方に師を求めました。最後に小栗了雲《おぐりりょううん》（黄檗《おうばく》派の在家の禅師家）に参じて坐禅の工夫に打ち込み、「多年の疑念が一挙に散ず」という体験をしました。この禅体験をベースに梅岩は、数え年四十五歳の時、後に「石門心学《せきもんしんがく》」と呼ばれた講演方式による教化運動に乗り出します。男女とも聴講可能、無料という講演は、当時前代未聞のことでした。とはいえ、最初は無名の人の講釈など聞こうという人はなく、何とか二〜三人、時には門人一人のみが聞き手ということもありました。

不屈の意思と凜然たる態度、そして平易でありながらも、十分な論理性をもつ教説は、やがて人々のこころを捉えるようになり、京都で一ヶ月間連続の夜講を開いたところ、老若男女が群れをなす盛況をみたといわれます。活動を始めて十年近く経ち、提唱する商人道の運動は確実な評価を得て、この時代、数多く存在した学塾のどこよりも多数の受講者、門下生を集めるようになったのです。

梅岩は、人里離れて多年の修行をしないで済む方法を工夫し、指導の実を上げました。それは聴講のほか、テーマごとに討論・思索する輪講に、禅的な静座法を加えたものです。

聴衆から謝礼を一切求めず、独身・自炊の質素な生活を生涯通し、一方貧窮者の群れや火災を知れば、率先して門弟と駆けつけ、ボランティアとして救済に努めました。

◆画期的な著作『都鄙問答』

講席を開いて十年目、主著『都鄙問答《とひもんどう》』の執筆に取り掛かり、一七三九（元文四）年に公刊。次いで一七四四（延亨元）年『倹約斉家論《けんやくせいかろん》』を出版、京・大坂の商工業者の間に大反響を呼ぶヒット作となりました。究極的な内在たる「性」の哲学を、彼の禅体験に即して問答形式で精緻に叙述した絶筆『莫妄想《まくもうぞう》』も執筆。そこで「道を得て道を道とせば道に非ず（孟子）」を引用。享年六十歳。身の回りには生活用品と書籍のほか、一物もなかったと伝えられています。

人と「心学」の思想

◆石門心学の哲学思想

①天人合一《てんじんごういつ》の世界観

天地万物が自分と一体である。万物と人とはその源を同じくするとはいえ、万物は万物自体がその同じことを自覚せず、人のみがよくこれを自覚し、己のこころをもって、天地のこころ、万

石田梅岩

物の理を推すことができる。

②性理の形而上学

性、理、心、天、命などの概念が石田梅岩の哲学思想の中心。即ち天地の間で、万物があまねく内在する普遍的な実体を「理」と呼び、特に人間、人体に宿ったものを「性」とよぶ。心を尽くし性を知り、天を知るところに学問の至極があるとする。

③心性の問題

学問は「性」を知ることに始まるが、その第一歩は「心を知る」ことにあり、そして「心を得る」ことが学問の終わりである。「心学」の名称はここから生まれました。

◆商売と道徳の融合

梅岩は、長年の商家勤めから商業の本質を熟知していて、「商業の本質は交換の仲介業であり、その重要性は他の職分に何ら劣るものではない」との立場でした。

梅岩の思想の根幹にあるものは、商売と道徳の融合です。道徳のないビジネスは、自らが認められたい、自分が豪遊したいなど、終わりのない強欲主義に陥ります。「どうやって儲けるのか」も必要ですが、その根底には「どう生きるか」が大事であると説き、「正直」「勤勉」「倹約」、また「先も立ち、我も立つ」商いを説きました。梅岩はとりわけ倹約を説き、基本は「自制」であり、それが社会秩序の基礎と考えました。倹約の奨励や富の蓄積を天命の実現とみる考え方は、カルヴィン主義商業主義の日本版と解されます。

◆現代企業のCSR、SDGsにおける意義

環境問題への意識の高まりや、企業の不祥事が続く今日、CSRの重要性が言われています。そのような中で、「実の商人は先も立ち、我も立つことを思うなり」とCSRの本質的な精神を表現した梅岩の思想は、近江商人の「三方良し」の思想と並んで「日本のCSRの原典」と国際的にも脚光を浴びてきています。

「商人道」として創始した彼の運動は、その後「心学」又は「石門心学」と一般に称され、幕末まで百数十年間にわたって、商工業者のための正統的でまた実用的な倫理の教えとして全国的に発展を続け、やがて商業ビジネスを超えて広く庶民一般の教育の上でも重要な影響をもち、国民的なモラルの形成にも深く影響しました。明治以後、心学の庶民教育としての役割の多くは、義務教育や教育勅語などによって取って代わられましたが、経営の教えとしての伝統は根強く存続し続けました。

（参考文献：由井常彦著『都鄙問答　経営の道と心』日本経済新聞出版社、その他）

◆渋沢栄一

日本の資本主義の父と言われる渋沢栄一は、明治・大正の日本経済の黎明期に、論語と算盤、即ち道徳と経済の一致を前提とした資本主義を標榜しました。

生涯

渋沢栄一（一八四〇〜一九三一）は、第一国立銀行を設立したのをはじめ、商工会議所、東京証券取引所を組織し、東京海上火災保険、王子製紙、大阪紡績、東京ガスなど四百七十社に及ぶ企業設立に深く関わり、実業界の指導的役割を果たして「日本資本主義の父」とも評されています。商法講習所（現一橋大学）、大倉商業学校（現東京経済大学）の設立にも尽力しました。渋沢は「義利両全」と、『論語と算盤』で道徳と経済が一致すべきことを説きました。

幕末、現埼玉県深谷市で藍玉の製造販売と養蚕、また米や野菜の生産も手がける豪農の家に生まれました。渋沢家では農家とはいえ原料の買い入れと販売を行うため、常に算盤をはじく商業的な才覚が求められました。五歳の頃から父の指導で読書を始め、七歳になると四書五経や日本外史を学び、また剣術を神道無念流大川平兵衛《おおかわへいべえ》より学びました。一八六一（文久元）年二十一歳の時、江戸に出て儒学を海保漁村《かいほぎょそん》に学びます。また、お玉が池の千葉道場に入門して剣術修行を始め、同じ門下生であった勤王の志士たちとも交流を深めました。

尊皇攘夷の思想に目覚めた渋沢は、仲間と共に高崎城を乗っ取って武器を奪い、横浜を焼き討ちにしたのち、長州と連携して幕府を倒すという計画を立てますが、従兄弟の尾高長七郎《おだかちょうしちろう》の懸命の説得により中止しました（一八六三〈文久三〉年）。

渋沢はその後、交友のあった一橋家家臣の推挙により一橋慶喜《ひとつばしよしのぶ》に仕えます。慶喜が将軍となり、一八六六（慶応二）年、幕臣となった渋沢は、パリの万国博覧会に随員として渡航します。万博を視察したほか、ヨーロッパ各国を訪問し、先進的な産業・軍備を実見し、一八六八（明治元）年帰国しました。この時に得た産業、商業、金融に関する知識は、後年の活動に大いに役立ちました。

一八六九（明治二）年、大隈重信《おおくましげのぶ》に説得され、維新政府の大蔵省に入省。井上馨《いのうえかおる》を補佐して度量衡の制定や国立銀行条例制定などに携わります。しかし予算編成を巡って大久保利通《おおくぼとしみち》と対立して一八七三（明治六）年、井上馨とともに大蔵省を退官しました。

退官後は実業に専念し、一八七三（明治六）年第一国立銀行（のちの第一勧業銀行、現みずほ銀行）の頭取に就任。以後、第七十七国立銀行、東京ガス、東京海上火災保険、王子製紙、田園都市（現東急）、秩父セメント、帝国ホテル、京阪電気鉄道、東京証券取引所、麒麟麦酒、サッポロビール、東洋紡績、大日本製糖、明治製糖など、その数四百七十に及ぶ多様多種の会社設立に深く関わり、実業界の指導的役割を果たしました。

渋沢は、教育・社会・文化の各方面の事業にも熱心で、二松学舎第三代舎長を務めたほか、一橋大学、東京経済大学、国士舘大学、日本女子大学、東京女学館の設立に、また聖路加国際病院初代理事長を務め、東京慈恵会、日本赤十字、癩予防協会の設立にも関わりました。一九三一（昭和六）年九十二歳で逝去。

人と思想

◆道徳と経済の一致

渋沢は、『論語と算盤』で道徳と経済が一致すべきことを説きました。そして、「商才」とはもともと道徳を根底においており、道徳と離れた欺瞞、不道徳、権謀術数的な商才は、真の商才ではないと考えました。渋沢は人を見る場合、『論語』で人を見、生涯人を見誤ることはなかったといいます。このような哲学をもつ渋沢は、三菱の岩崎弥太郎《いわさきやたろう》とは意見が合いませんでした。岩崎は、一八七八（明治十一）年渋沢を隅田川の屋形船での舟遊びに誘い、一緒に手を組まないかと持ちかけましたが、渋沢は、岩崎の個人営利主義的経営思想を批判し、口論となったと伝えられています。両者は、国家・社会あっての企業という哲学は共通していましたが、事業経営の信念の違いから手を組むことはありませんでした。渋沢は、合本主義を日本に広めることを使命とし、三菱のような巨大財閥、渋沢財閥は作りませんでした。渋沢は晩年「わしがもし一身一家の富むことばかり考えたら、三井や岩崎にも負けなかったろうよ。これは負け惜しみではないぞ」と子どもたちに語ったと伝えられています。

渋沢栄一
（国立国会図書館ウェブサイト）

◆並外れた合理性、先見性、プラグマティズム

渋沢栄一の生涯から顕著にみられるのは、並外れた合理性と先見性をもったプラグマティズム（実質主義、現場主義）です。決してイデオロギー的な信念を振り回すようなことはなく、京都に行ったらそこの情報を手に入れて自分の考え方を変え、フランスに行ってもパリで新しい情報をどんどん手に入れる。そしてそれに基づいて今までの考え方を変える。渋沢は新しいものに対しては、偏見をもって見ず、実に柔軟に対しました。一方で、渋沢は頑として変えない一面も併せ持っていて、一八七三（明治六）年、新政府を辞職する時、多くの人が才を惜しんで引き留めましたが、聞かず、以後いかなることがあっても官に就き政治にタッチすることはありませんでした。

渋沢は伊《い》藤《とう》博文《ひろぶみ》に政党の必要性を説き、感服した伊藤は立憲政友会を作りました。伊藤は渋沢に党員になれと勧めましたが、渋沢は断りました。渋沢は子爵に列せられましたが、どんな書生にでも会い、相手の言うことを細かく聞き、そばにいる秘書に全部書かせ、得た情報を全部吸収しました。

◆未来の指針となる渋沢栄一の思想（日本型儒教の倫理とプラグマティズム）

資本主義や実業には、自分が金持ちになりたいとか、利益を増やしたいという欲望をエンジンとして前に進んでいく面があります。そのエンジンは今日の金融資本主義のようにしばしば暴走します。渋沢は実業や資本主義には暴走に歯止めをかける仕組みが必要と考え、その手段が『論語』でした。

渋沢は、パリ万国博覧会で、銀行家フリュリ・エラールと会い、サン・シモン主義にも触れたのではないかという説があります。（元明治大学教授・鹿島茂）

資本主義には、アダム・スミス（『国富論』の著者）以来「見えざる手」で需給は調整されるとしても、市場の失敗を抑制する倫理が資本主義に必要という視点はマックス・ウェーバー（『プロテスタンティズムの倫理と資本主義の精神』の著者）以来、認識されていました。

サン・シモン伯爵は当時のフランス（ナポレオン三世時代）に、王侯・貴族・僧侶・軍人・官僚ではない「産業人による、産業人のための、産業人の社会」を作る活動をすすめましたが、そこに「宗教」の要素を入れ込み、人間の利己心への抑制力を加えたサン・シモン主義を標榜しました。

渋沢栄一の資本主義は、江戸時代の石田梅岩の思想を経て、今日の日本型資本主義の思想につながり、さらに公益資本主義の議論となって、世界で受け入れられる動きとなっています。

資本主義を動かす人間のこころに、渋沢の日本型儒教の倫理とプラグマティズムが果たす役割は大きいのです。

（参考文献：山本七平著『渋沢栄一　近代の創造』祥伝社、山本七平著『渋沢栄一　日本の経営哲学を確立した男』さくら舎、鹿島茂著『渋沢栄一　算盤篇・論語篇』文藝春秋、渋沢栄一著・守屋淳訳『論語と算盤　現代語訳』筑摩書房）

XII章　グローバル時代における日本語の大切さ

〈視点〉

「日本のこころ」の源流には、一万年を超える長い縄文期に育まれた話し言葉である「大和言葉」があります。それはどのような特徴を持つ言葉なのでしょうか。

紀元後の古墳時代に漢字が導入され、日本人は、大和言葉を文字にする手段を手に入れました。現代の日本語の基礎である、書き言葉である「漢字仮名交じり文」はどのように誕生したのでしょうか。

このような長い生成の過程を経て、日本語は「語彙が豊富で、表現が豊かな素晴らしい言語」になったと言われますが、それはどのような特徴をもった言葉なのでしょうか。

日本語を学ぶことが脳の機能を変え、「日本のこころ」を生み出すことは、例えば外国人に「[※]タタミゼ効果」が見られることでも説明できますが、これはどういうことなのでしょうか?

日本語が日本人の創造性を支えるものであること、日本語が日本に古代以来の奴隷制のない平等社会を創りだし、今日まで維持していることは、どう説明できるのでしょうか?

今、日本人は、世界との関係が広がる中で、世界語（英語）の学習が必要になっていますが、極端な形でバイリンガルに向かうと、過去の文化の喪失（日本語の劣化）、国内での階級間格差や政治的な対立の激化、国力の低下につながるという見方もあります。私たちは、どのような道を選択すべきなのでしょうか。

英語公用語化は別として、日本人が世界語（英語）の能力をさらに強化すべきという選択肢は避けて通れません。しかし、それには限界があり、日本語がグローバルに使用されることを期待し、外国人に学びやすいものとなるような方向もひとつの選択肢だと思われますが、これについてはどのように考えていけばよいでしょうか。

世界の政治における民主主義の危機、社会の分断を目のあたりにする今日、コロナ後の世界の変化の中でVUCA（変動・不確実・複雑・曖昧）の時代を迎えつつある時、日本においても、国力の劣化、創造性・イノベーション資質の低下、良き伝統・文化の崩壊等の諸課題を克服するため、「日本のこころ」を支える国語（日本語）教育の再構築が必要だという議論が巻き起こっていますが、それはなぜだと思いますか？

「日本のこころ」を根源において支えているのは国語です。自国語（漢字仮名交じり文）を失ってはノーベル賞も出ず日本に未来はありません。国語を失った国の苦しみ？　をどのように考えるべきか、日本は日本語喪失の恐れはないのか。このような考え方は、ノーベル賞の受賞者の方々からも澎湃《ほうはい》として起こりつつあります。その背景を考え、とことん熟議を尽くして考えてみましょう。

※外国人が日本語を学ぶと性格が日本人のようになるというフランス語の造語

◆大和言葉とその後の国語(日本語)の成立

大和言葉(話し言葉)

大和言葉は、漢字が伝わる前から、長い間話し言葉として使っていた日本語です。通常、母音と子音の組み合わせで配列し、五十音図として学ばれます。

①五十音の自然発生音には、一つひとつに意味があるといわれます。

例えば、母音については、

あ＝開く、「さわやか」はすべてア段

い＝強く前に出る、「いのち」のイ

う＝閉じる、うつむき、うなづき、うなる「う〜……」

え＝中間、ニュートラル「エーと考え中」、枝分かれ

お＝大きく、おもく、偉大なイメージ、おとうさん、おかあさん

②言霊ということ

万葉集に山上憶良《やまのうえのおくら》の「言霊の幸はふ国」という歌がありますが、日本では、古来より「言葉には現実を作りだすパワーが宿っている」と考えられてきました。大和言葉は、日本的霊性の源流

と言っていいかもしれません。

〈参考〉新約聖書（ヨハネ伝福音書）には「太初に言《ことば》あり、言は神と偕《とも》にあり、言は神なりき」とあります。

漢字仮名交じり文としての国語（日本語）

律令国家の前あたりから記録（歴史編纂）のために文字（書き言葉）として漢字が取り入れられ、音読みと訓読みの併用、訓読みのためのルビからカタカナが、音読みからひらがなが派生し、漢字仮名交じり文の成立に至りました。
①漢字仮名交じり文は、目に訴えて意味を表す「表意文字《ひょういもじ》」と日本語独自の構文を表す「表音文字《ひょうおんもじ》」からなる表記法で、世界でも珍しい表記法です。
②漢字を「音読み」と「訓読み」を併用することにより、母語の体系の中に見事に取り込みました。漢字は、訓読みで大和言葉と結び付けられるので広く国民すべてが理解できる言葉となりました。これが今日まで、世界の中で日本人の識字率が極めて高い水準を維持することができた理由だと考えられます。
③一方で、漢字は概念の凝縮した表意文字で、一字の中に極めて豊富な意味（特に抽象概念など）を包含しています。欧米言語の場合の、ギリシャ語やラテン語に対応するものともいえます。仮

名だけでは冗長になり高度な知的概念を示すのに難があります。仮名はアルファベットのようなつなぎの言葉、従って漢字仮名交じり文の日本語の翻訳は英語にすると長くなってしまいます。

◆日本語の特徴

言語脳で自然音や情緒を同時処理

人間の脳は右脳と左脳とに分かれ、それぞれ得意分野があります。右脳は音楽脳とも呼ばれ、音楽や機械音、雑音を処理します。左脳は言語脳と呼ばれ、人間の話す声の理解など、論理的知的な処理を受け持ちます。ここまでは日本人も西洋人も同じですが、西洋人は虫の音のような自然音を、機械音や雑音と同様に右脳（音楽脳）で処理するのに対し、日本人は左脳（言語脳）で受けとめます。日本人は虫の音を「虫の声」として聞いているのです。

このような特徴については、中国人や韓国人も西洋型を示すといわれます。さらに興味深いことは、日本人でも外国語を母国語として育てられると西洋型となり、外国人でも日本語を母国語として育つと日本人型になってしまう、というのです。脳の物理的構造というハードウェアの問題ではなく、幼児期にまず母国語としてどの言語を教わったのか、というソフトウェアの問題のようです。（角田忠信著『日本語人の脳』言叢社より）

「タタミゼ」効果と道徳意識

言葉は単なるコミュニケーションの道具ではなく、私たちの考え方、モノの見方に大きな影響を及ぼしているのではないかと考えられます。外国人は、日本語が上達すると性格が温和になる、柔らかくなるとよく言われます。言語学者の慶應義塾大学名誉教授・鈴《すず》木《き》孝夫《たかお》氏は、このような現象を「タタミゼ」現象と説明されました。「タタミゼ」(tatamiser)とはフランス語で日本化するという意味で、日本かぶれする、日本びいきになるという意味でも使われているようです。日本人の道徳意識と日本語（大和言葉）はつながっているのかもしれません。

状況認識が先、自己認識が後

欧米言語は人称代名詞が発達していて、英語では自分を指す言葉は、一人称はアイ、二人称は必ずユーという言葉を使います。日本語では、対照的に一人称二人称で相手を指す言葉、自分（話し手）を指す言葉は多種多様になります。私、僕、俺、あなた、君、貴様、お前……。いろいろな言葉があり、場面に応じて使い分けなければなりません。特に人の呼び方には、世界観、人間観の違いが表れています。自分を認識する時でも、欧米言語では、常に自己認識が先にあって、状況認識が後になります。日本語の場合だと、先に状況（相手との関係性、環境、世界）を認識してから、自分を認識するかたちになっています。

現象を括らず写し取る言葉、語彙の豊富さ

日本語では、オノマトペ（onomatopee）が発達していて、他言語の三〜五倍（四千〜五千語）にもなるといわれます。オノマトペの種類には、擬音語と擬態語があります。擬音語は音を描写した「ワンワン」「ゴクゴク」など、擬態語は「キョロキョロ」「ピカピカ」「ニコニコ」など実際に音はしていないが、言語によって状態や動作などを表現している言葉です。日本においては、両者の区別を意識することは少ないようです。

　また、天候用語や色の名前、雨や風に関する名詞の多さは、他の言語に類をみないほどです。雨に関する名称は四百種類以上という説もあります。梅雨、時雨、五月雨、驟雨《しゅうう》、東風《こち》、夕立、小ぬか雨、俄雨《にわかあめ》、鬼雨《きう》、涙雨、氷雨、霧雨、秋霖《しゅんりん》、宿雨《しゅくう》……。夕方、夕べについても、夕暮れ、暮色、黄昏、宵の口……。

　季節や色に敏感なのは、四季折々の変化があり、南北に長く火山列島でもある地勢から、気候・天候が複雑多岐で、色を描く対象や色素の原料ともなった植物・岩・鉱物が豊富に分布している

ことに依るところも大きいのでしょう。欧米の言葉は五千語も覚えれば文学作品が読めるといわれますが、日本語では一万語必要といわれます。

創造性を支える

学問、ビジネス、芸術の分野でも、新しいものを創り出すには、既存のものに対する違和感、それを飛び越えるひらめきなどを、言語に落とし込んでいかなければなりません。それには生活に根ざした言語（母語）を使うことが必要です。その意味で、微妙な、まだ言葉になっていない現象や概念を言語化していくものとして、豊富な語彙と豊かな表現力をもつ日本語は、日本人の創造性発揮に大きな役割を果たしているのではないかと思われます。

平等な社会を支えるもの

日本語は、漢字の訓読みを導入することにより、大和言葉を文字化することができました。漢字が支配階級（士大夫《したいふ》、エリート）が使用するものであるのに対して、日本語は、庶民も含めて話し言葉を使うすべての国民が、平等に使用できる言語になりました。このことが、日本社会の平等性を根本から支える要素となったのではないでしょうか。

欧米の神や法の前の平等に対して、日本の場合は和歌の前の平等という見方があります。『万葉集』にしろ、勅撰和歌集にしろ、皇族、貴族から平民、遊女に至るまで、同じ土俵で歌を詠んでいます。同じ大和言葉を使っている、同じ言葉から来る感受性、もののあはれを感じられる人たちの間で、平等意識が成立していたという見方です。

◆日本語と世界語（英語）

世界語としての英語の習得も重要

①世界で活躍し、人類に貢献するためには世界語（英語）能力が極めて重要です。グローバルな世界での意思疎通において、日本語は語彙の多さと表現の多様さが影響して、他言語・他文化との間で学習のバリアやハンディキャップが大きすぎます。したがって、国際社会に対応するためには、今後日本人の一層の外国語、世界語能力の向上は必要不可欠であるといえるでしょう。

②早くからの多言語教育の意味は大きく、言語や文化の比較検討は語学理解にプラスであるという意見もあります。多言語を同時に学び文化の違いに接することが、さらなる独創性につながるということもあります。

これに対しては、過去の文化の喪失（日本語の劣化）、国内での階級間格差や政治的な対立の激化、国力の低下につながるという見方もあります。

例えば、「現在のような教育の英語化が進むと、高等教育を受けてエリート的、指導的立場につくには英語は必須となる。一国の中でエリート層と一般の人たちの間で使う言語が違っていたら、意思疎通が十分できず、世論がきちんと形成されない。その結果は民主主義を危うくし、社会の分断を招く。将来的には、日本語が知的なことを論じたり、研究したりする言語ではなくなってしまう。フィリピンは英語の公用語化によって現地語が死んだ。人間の創造性は、既存のものへの違和感や、ひらめきから出発する。そうした細やかな感覚や気づきを言語化できるのは母語だけ。創造性の土台は発達した母語にある。英語重視の改革は、日本人の創造性（イノベーションへの資質）を失わせる懸念がある。」（施光恒《せてるひさ》著『英語化は愚民化』集英社より）

また、全国民が一律にバイリンガル度を高めるのは現実的に無理があり、一方、機械翻訳技術の進展により、世界語とのコミュニケーションが容易になることから、すべての国民が高い水準の世界語能力を持つ必要はないという見方があります。

a 「インターネットの時代、…もっとも必要になるのは、世界中で流通する（普遍語）を読む能力である。英語教育については、すべての国民に、英語を読む能力の最初のとっかかりは与える必要はある。しかし、その先の高度な英語の学習は選択科目にすべきではないか。」（水村美

苗著『増補　日本語が亡びるとき』筑摩書房より）

b「いまはスマホで通訳不要の時代に入った。自分の長い海外経験から、英語は方便で、大事なのは英語ではなく、日本語であると考えている。仕事ができる者は英語が使える者ではなく、きちんと日本語で考える能力を持った者だ。信頼する企業経営者も、海外で勤務する人間の選抜基準は、日本語で仕事をしっかりしている者だという。」（日本漢字能力検定協会代表理事　会長兼理事長・高坂節三《こうさかせつぞう》氏）

外国人に学びやすい日本語も重要

①現実の国語問題については、次の二つに分けて考えるべき、ということかも知れません。（加地伸行著『令和の「論語と算盤」』産経新聞出版）

母語（国語）は、国家の歴史、伝統、文化を背景として展開してきた言語です。したがって、国語教育は、歴史、伝統（古典）、文化（文学等）を伝承するものとして「読む国語」が重要となります。

一方日本語は、グローバルに使用されることを期待し、外国人に学びやすいものであるべきと考えられます。

②外国人に開かれたグローバルな日本語は重要です。日本語が複雑で外国人に学びにくい言語で

あることから、日本人の方から世界語（英語）を学ぶ必要が拡大していますが、他方で、外国人に学びやすい日本語へのニーズがますます高まっています。

移民の増加の是非は別として、国際社会に日本語人が増えることは、「日本のこころ」の世界人類への貢献実現に大きく近づく道だと考えてよいでしょう。

③これまで見てきたように「日本のこころ」は、日本的霊性をベースとした神・仏・儒の習合の要素を持ちながら、さらに西洋思想など近現代思想の導入で新しいものへ変化している過程であり、不易の部分（中心点）を残しながらも、今後ともその変化は続くと見るべきでしょう。

◆国語（母語）の危機

「日本のこころ」を根源において支えているのは国語です。自国語をいかに考えるか、日本は日本語喪失の恐れはないのか、という意見が高まっています。

国語教育改革を通じた社会変革

世界の政治における民主主義の危機、社会の分断を目のあたりにする今日、「日本のこころ」を支える国語（日本語）教育の再構築にチャレンジする時機ではないでしょうか。

湯川秀樹《ゆかわひでき》氏、田中耕一《たなかこういち》氏、大隈良典《おおすみよしのり》氏などの歴代ノーベル賞受賞者や、国内外で活躍する実務者・研究者は、異口同音に、日本語によって自らの創造力が養われたとして、日本語教育、なかでも漢字教育の重要性を強調しています。その一方、中堅企業や多くの大企業経営者は、経営を支える若年人材の国語力の劣化によって、将来の経営基盤の維持が困難になると、事態を危惧する声を上げています。こうした声に耳を傾けるならば、国語教育改革こそが、日本が今後ますます激しさを増す国際競争に対応するために、喫緊に取り組まなければならない課題であると考えられます。

今後もこのままの事態が続けば、日本語は劣化して、祖先から承け継いできた優れた特質を失い、知的な活動や研究と、生き生きとした情緒の表現のための言語ではなくなっていく恐れすらあります。そうなれば、日本の経済や技術の発展基盤が害されるのみならず、日本人の知的能力や創造力、さらには世代・階層を超えた国民の連帯意識、日本人としてのアイデンティティーまでが失われることになりかねません。

〈参考〉現代日本語の特徴

A　日本語を書く時、名詞・動詞・形容詞などは多くは漢字で書き、動詞・形容詞の活用変化の部分、助動詞、助詞は仮名で書く。

B　使用する文字の数が多い。

C　文章は縦書きも横書きも行われる。

D　同じ事物を指すのに、いくつもの単語が用いられる。

E　同じ音で異なった意味を表す単語が多い。

F　敬語が発達していて複雑である。　など

（新日本製鐵株式会社監修『日本〜その姿と心〜』〈学生社〉より）

国語政策の検討体制の強化

国語政策については、「国語教育」については文科省本省が、「国語政策」一般については文化庁が実施担当となっていますが、行政の二元体制のため、国語教育政策を真剣に担当する責任の所在が不明確になっていないでしょうか。文化庁では、マスコミなどでの国語使用の問題から、外国人への日本語教育のあり方まで、いろいろな分野の専門家が入って議論していますが、国民のための基幹的な国語政策の検討がおろそかにならないよう、両省庁の間で責任体制を明確にし、長期的・専門的視点に立つ国語教育政策の司令塔を確立する必要があると考えられます。

読む国語の最重視

日本語は、話し言葉としては、決して効率的な言葉ではありません。話すのに相対的に長い時間がかかり、聞いてすぐに理解できない同音異語も多いからです。しかし漢字仮名交じり文を主体とした、読み言葉としての日本語は、世界的に見ても稀な、効率的な言葉であるといえます。仮名の間に混じる漢字を眼で追うことによって、速い速度で、文章全体の内容を理解できるからです。従って日本の国語教育の基本は文章を読む教育であり、読む教育には、漢字の学習が欠かせません。

漢字教育の問題点は、例えば小学校における硬直的な学年別漢字配当表で、その配当原理が画一的で学ぶ漢字が少ないばかりでなく、生活に関係する動物、魚、昆虫などの漢字がほとんど教えられていないこと、また配当原理が音順で、部首や構成原理と無関係のため熟語で学べないなど、子どもたちが楽しく主体的に学びにくい状況にあり、それは戦後以来ほとんど変わっていません。

日本語については、読まれるべき言葉の伝承が最も重要と思われます。話し言葉の音を書きあらわした書き言葉中心（表音主義）の戦後教育を改め、話す国語、書く国語中心ではなく「読む国語」、日本近代文学などを読み継ぎ、文化を読み継ぐ国語教育が重要ではないでしょうか。

・西欧諸国がまだほとんど曖昧な状態にとどまっていた七、八世紀に日本では『古事記』『日本書紀』『風土記』『万葉集』などを生み出しました。また十一世紀（平安中期）には紫式部《むらさきしきぶ》が『源氏物語』を書き、その後、『古今和歌集』『新古今和歌集』『平家物語』、道元《どうげん》の『正法眼蔵』、吉田兼好《よしだけんこう》の『徒然草』、世阿弥《ぜあみ》の『風姿花伝』他謡曲の数々、松尾芭蕉《ばしょう》の俳諧、井原西鶴《さいかく》の小説、近松門左衛門の戯曲、本居宣長《もとおりのりなが》の『古事記伝』『源氏物語玉の小櫛』『玉勝間《たまかつま》』、明治に入ってからは、泉鏡花《いずみきょうか》、正岡子規《まさおかしき》、夏目漱石《なつめそうせき》、森鴎外《もりおうがい》など、数え上げればきりがない程、数多くの名作、労作を生み出してきました。

・「ユダヤ人は二千五百年にわたって世界中を流浪しながら、……経典だけは宝物のように抱えて読み継ぎ、自分たちの文化を継承してきた」（水村美苗著『増補　日本語が亡びるとき』筑摩書房より）

文語、敬語も日本語の一部

現在、若い世代の読解力の低下は著しく、国民の間にも知的格差拡大の傾向がみられます。インターネット時代に入り英語の一人勝ちとなり、ＩＴ化で日本語を書く能力が減退しています。これらへの対処も必要ですが、若い世代は、文語や敬語も使わざるを得ない、また、使いたい環境が社会にあるにもかかわらず、学んでいないために誤った使い方をすることになっています。

文語は、現在、生涯学習制度の活用を含め、私塾など公教育以外での適切な取り組みが模索されていますが、国語教育の中でもその基礎は教えるべきと考えます。

敬語についいは、社会における関係性を認める生活語として、幼児教育、初等教育の段階から取り上げるべきです。社会が機能するために実社会では上下関係の存在は不可避です。ここでいう「上下」は身分関係ではありません。民主主義社会では人間関係はフラットに考えるべきですが、横の関係だけでなく、縦の関係、会社や組織における上司と部下との縦の関係、祖先から子孫までつながる命の縦の関係、これらは国や社会の機能を支えるものであり、この関係をつなぐ敬語について学ぶことがない現状は異常ではないでしょうか。

外国語のカタカナ文字の問題

フランスや中国のように、外国語のカタカナ化から日本語を護ることも必要ではないかと思われます。最近のローマ字略語の氾濫も国民の多数にとっては理解が遅れることになり、社会の分断にもつながります（CX、DX、EX、FX、MaaS、CASE、SDGs、ESG、SRI、「わが社のIPのIPのIPがどうなっているか、IPに確認してくれ」）。

外国語のカタカナ文字化に対する批判に対し、一方では、カタカナ文字は外国語（英語）を無理に翻訳せず、含意を保存したまま日本語に取り入れる方法論として優れていると考えることもでき、日本人が様々な思想を取り入れ、習合することに長けていることは無縁ではないという見方もあり得ます。

ただ、アカデミー・フランセーズは、フランスを代表する一級のフランス人によって構成され、例えば、外国語がフランスに定着しそうな時に、これをフランスの中に入れて良いか悪いかということを慎重に検討し、良いとなったら辞書の中に入れるということをして、フランス語の純粋さを保っています。程度問題はあるとしても、日本においても国語の品格・伝統保持のため、そのように日本語を護っていくべきかと思います。

幼・初・中・高までの母語教育の重要性

音の認識の優位性の型を決定するのは、六歳から九歳までの臨界期と言われます。その意味でも、幼児から小・中・高校生までは、まず母語としての日本語習得に充てられることが重要ではないかという意見があります。日本語の話し言葉で作られた無意識で働く自然認知の枠組みは、現在でも日本人の心情の基礎であることは変わりません。

〈参考〉日本語を心配する識者の発言（例）

・日本語の劣化が進んでいる。かつて古代ギリシャ文明をヨーロッパに中継ぎした世界四大文章語のひとつであったアラビア語が、その後の英仏植民地支配を経て劣化したのと同じ轍を踏みつつある。英語による世界のモノカルチャー化が進む中で、日本語の質の低下が心配だ。（文語

の苑名誉理事長・愛甲次郎）

・日本語の破壊が、職人の文化、モノづくりの現場を破壊している。最近の新人は自分の頭で整理してモノを考えたことがほとんどないので、満足に自己紹介もできない。採用して企業内で教育を施す余地がない。将来の日本産業の競争力を考えると、これは大変な事態だ。（企業経営者・伴紀子）

・漢字仮名交じりの日本語には高い知的伝達能力がある。自身の経験でも、ロシア文学を日本語の翻訳書で読んだ場合は、現地の人が現地語で読んだ場合に比べ二倍ほど早く読める。（ＩＴ企業会長・和田裕）

・サイエンスの分野の術語はすべて適切な漢字（日本語）に翻訳すべきだ。そうしないと知識のすそ野が広がらない。中国は日本の明治時代のように、最近はどんどん英語を漢字（繁体字）に翻訳している。中国の『英漢科学技術大辞典』は、英語に対応する用語はすべて漢字（繁体字）を充てている。科学技術に興味をもつ膨大な若者層が育つ背景となっている。明治の日本人は、水素、酸素など、すべて外国語を漢字に翻訳し、全国民が理解できる環境を作った。今中国が将来を見据え懸命に努力しており、日本の教育・研究界は危機感を抱くべきではないか。専門家は英語で問題ないが、日中で国民の科学力に大きな差が出る恐れが大きい。（化学者・野※依良治）

※野依良治氏は、さらに次のように主張されている。

（科学技術振興機構研究開発戦略センター二〇一九年三月十八日記事より）

論理思考の根幹は母語である。今日、自然科学や技術の論文の九割以上が英語で書かれているので、研究者には情報収集、論文執筆、他国の研究者と会話する英語能力が必要だ。しかしわが国では通常人の場合と同様、科学技術社会でも英語はあくまで道具であって、「日本語こそが精神」である。だから高い知的伝達能力をもつ「正統な漢字仮名交じり文」の充実が求められる。逆に母語の大切さがわからぬ人が本物の外国語を習得することは至難である。多数の非英米人が集う国際的会合の公用語が、Broken English（不完全英語）もしくはGlobish（全世界語として通じる英語）であるのは当然で、正統な英米語だけが飛び交うのは、むしろ広がりを欠く活動分野である。

野依良治

XIII章　世界に求められる日本型リベラルアーツ

〈視点〉

リベラルアーツとは、元来、自由で能動的市民となるための基礎的教養を指し、古代ギリシャで生まれたこの概念は、古代ローマに受け継がれ、文法・論理・修辞・算術・幾何・天文・音楽で構成されるいわゆる自由七科で構成されます。現代では、「大学学士課程において、人文科学・社会科学・自然科学を横断的に学ぶ教育プログラム」に与えられる名称となっています。世界の政治・社会の混乱の中で、リベラルアーツの重要性が高まっていますが、どのような背景があり、世界や日本の大学ではどのような対応が見られるのでしょうか？

中国でも、日本でも、アリストテレスと孔子の対話という形で、欧米とは違った動きがありますが、それはどのような内容で、どのような背景があるのでしょうか？

コロナ後の世界は、明らかにこれまでとは違った価値観、生き方が求められる時代の転換期に入ると思われます。そのような環境の中で、日本が真に世界・人類に新しい付加価値をもたらす貢献をなしうるためには、幅広い統合智と人間力を備え、「日本のこころ」を体したリーダーの出現が期待されます。

そのためには、過去の日本の人材養成システムを見直し、世界からも評価される「日本型リベラルアーツ」の再構築が必要だと考えます。

みなさんは、どうお考えでしょうか？　その場合の「日本型リベラルアーツ」の内容はどのようなものなのでしょうか？

◆世界の教育におけるリベラルアーツの動向

ここ十年の間に日本の大学の世界ランキングは低下の一途をたどっており、日本の高等教育に対する世界の評価が低下しています。大学の評価には、資金力、研究力の評価も含まれますが、教育力の評価も大きな比重を占めています。その教育力の評価が高い大学は、例外なく、リベラルアーツを重視しているのです。

ビジネス界において、イノベーションの可能性を引き出すうえで、リベラルアーツ教育の重要性が重視されてきたこととも関連します。

現代が直面する人材養成の大きな問題は、ひとつには、エリートと大衆の対立、相互不信の問題です。過去四年間続いたアメリカのトランプ人気は、アメリカの知的エリートたちへの大きな反発が底流になっていると思われます。

二つ目の問題としては、感性教育の軽視、三つ目には、身体を使う肉体的作業への蔑視があります。

現代アメリカでは、これらの問題の放置が、皮肉にも最先端のテクノロジーの展開に阻害要因となることが明らかになり、音楽教育、社会での現場教育が重視され、コミュニティ・ベースド・ラーニング、長期インターンシップ（コープ・プログラムなど）、音楽教育のさらなる導入などが真剣に議論され、大胆な改革への取り組みは始まったばかりと言えます。

このように、欧米のリベラルアーツ教育も大きな限界に突き当たっています。

一方、日本では、一部の私学系の取り組みは別にして、このような動きは国立系ではほとんど見られず、ますます世界の潮流からはずれてきています。日本の大学では、研究費の削減に対する抗議とそれへの対応は大きな話題となっていますが、肝心の根本的な教育改革の中身、とくにリベラルアーツ教育の導入には、本格的な取り組みもなく、関心が払われていない状況と言えます。

さらに、日本では歴史的に、西洋古典と東洋古典（日本思想）の交流から和・漢・洋のバランスのとれた教養が形成され、日本人の精神構造が育まれてきた面がありましたが、理系教育重視、文系教育軽視の流れの中で、和・漢・洋の文学、古典を総合的に学ぶ、日本型のリベラルアーツ教育も衰退し、このままでは日本の大学は世界から完全に見放されることになりかねません。

◆東洋型（日本型）リベラルアーツに向けて

このような中で、岡山大学名誉教授・荒木勝（西洋政治思想史、ギリシャ哲学）が、二〇一八（平成三十）年十月に「東京逍遥塾」を開設し、日本型リベラルアーツの研究・教育拠点の再構築の試みをスタートされています。これまでの東京逍遥塾の成果を踏まえ、日本の知的伝統を生かした今後の日本型リベラルアーツのあり方について検討してみる必要があります。東京逍遥塾で示された後述の今後の展望についてどのように考えるべきか、さらに検討が深まることが期待されるところです。

◆今後の展望

・アリストテレス哲学の中に、東洋哲学との近似を見て、中国の大学は、紀元前のアリストテレスと孔子の思想的交流にまで遡り、独自の政治哲学を求める時代に入っています。

・西洋社会が畏敬する東洋社会へ。鍵のない社会か・AI監視網の中の社会かの選択、アジア諸

東北師範大学の校門にアリストテレスと孔子が対話する巨像がある

国や日中韓三国は共通善の哲学やビジョンをどのような形で、展望しうるのか。
・神・仏・儒習合の精神基盤をもつ日本としては、近代西洋との間だけではなく、古代ギリシャ（アリストテレス）などとの対話を通じて、どのようなビジョンが描けるのか。

長い戦乱と自然災害の歴史を経て練り上げてきた「日本のこころ」、具体的には禅、仏教、儒教、神道などとも混然一体となった「日本のこころ」（そして、それは古代以来、ギリシャから東洋までの人類共通の智恵をベースとした普遍性をもったもの）を学び直し、そこを立脚点とする日本の夢＝「人類社会のための新たな希望のビジョン」を再構築し、それを世界に、静かに発信していく時期にきているのではないでしょうか。

西田幾多郎《にしだきたろう》や中村元《なかむらはじめ》を生んだ東洋哲学の蓄積ひとつをとって見ても、その後の日本の高等教育・研究機関にそれらがどのように継承されているかは心細い限りです。

日本の教育では、ＡＩ時代への対応に理系学問の研究・教育の重視が進んでいますが、その陰で文系学問が軽視されることがあってはならないと考えます。

古典哲学をはじめ、文学から音楽など、総合的な日本型リベラルアーツが、いかなる科目の総合の上に、築かれていくべきでしょうか。

荒木氏の考えは、世界にも例のない日本独自のリベラルアーツというモデルを作っていくという構想です。例えば、日本には長い間、儒教の伝統があり、その儒教教育の中でも二つの伝統がありました。ひとつは礼学、もうひとつは楽（音楽）です。論語の中で今日、非常に重要視されなければならないのはこの楽です。「子曰く、詩三百、一言《いちげん》以て之を蔽《おお》へば、曰く、思い邪《よこしま》無し」（為政二）、「子曰く、詩に興り、礼に立ち、楽に成る」（泰伯八）、詩を朗誦し、感動し、礼を学び、音楽における調和した感性を身に着け、心身ともに完成の域に達する。中国の科挙の大きな試験場があった南京には、今でも古代の音楽を体感させる施設があります。科挙における選抜のひとつのジャンルとして楽があり、音楽「詩経《しきょう》」などをいろいろな楽器を使って奏でる。こうした音楽重視の教育によって、中国では、統治の現場を担う官僚、士大夫《したいふ》が育成されてきました。韓国、日本もそのような伝統を引き継いでいて、ある意味で、東洋のリベラルアーツの重要な部分は音楽かもしれません。

もちろん、音楽教育は西洋のリベラルアーツの根幹にもなっています。アリストテレスの『政治学』は、西洋における政治哲学の古典ですが、その最後の第八巻は音楽教育論です。

しかし、日本が欧米から大学教育を導入した時、このリベラルアーツとしての音楽教育だけは継承せず、また同時に古来の儒教的な音楽教育も継承しませんでした。

さらに、東洋の伝統には「大学」に入る前に身に着けなければならないものとして「小学」があります。これは灑掃《さいそう》・応対・進退、礼・楽・射・御・書・数であり（「大学章句序」）、とくに灑掃と応対・進退と礼・楽が注目されます。どのような人間に対しても、自らのこころを純にして、相手のこころをよく理解し、礼儀正しい態度を取らなければならないとされ、そのために音楽と併せ、自ら身体的に他者を理解するように努めなければならないとされました。

この小学の重要な意味については、「論語」（子張十二）で灑掃・応対・進退の重要な意味について孔子の弟子たちでの論争が紹介されています。その箇所にまた、朱子が程子の言葉を引用して、次のような注釈を施しています。「掃除や応接の礼儀作法は、実は形而上学である。これは理には大小の差がないからである」

この小学的な部分こそ欧米のリベラルアーツ教育に欠落しているものではないかと思われます。欧米の場合、中級以上の市民階級は、伝統的に自分が住んでいる所の掃除をサーバントにさせます。おそらく歴史的に奴隷制という大きな仕組みの下、低度な肉体的技術・奉仕は、奴隷的労働と見なされてきたのでしょう。

しかし東洋の伝統ではそうではなく、自ら掃除を行うということをエリート教育の中に入れてきました。この灑・楽を現代的な形に見直して、リベラルアーツを構築することができれば、ヨーロッパやアメリカに対して独自のリベラルアーツ教育を示すことができるのではないでしょうか。

他方、欧米の政治・倫理学の根幹を作ったと言われているアリストテレスの『政治学』の中には、優れた統治エリートを作り出すための指針として、「よく統治される者がよく統治する」という言葉があります。人の上に立つ人間は自分自身が統治されることを通じてしか統治できない。被統治者としての体験が統治者としての知恵になるという。また『ニコマコス倫理学』にはこうあります。「人が奴隷である限り、彼に対する仁愛は存在しないが、彼が人間である限り、彼に対する仁愛はありうる。なぜなら、人は誰でも、誰に対しても、彼が法と契約とを共有しうる限り、そこに何らかの正が存在していると思われるからである。したがって、彼が人間である限り、そこに仁愛が存在するのである」

これがアリストテレスのメッセージだとすれば、「論語」の小学、大学の教育論とアリストテレスの教育論にはかなりの程度、重なり合う部分があるといっても良いでしょう。

このように考えていけば、アリストテレスと孔子を対話させるという東洋の試みには、東西の対立を乗り越えていくような問題提起に結び付いていく可能性があるとも考えられ、世界的に見ても重要な問題提起になるのかもしれません。

以上のような構想も含め、和・漢（印・アラブ）・洋の古典などを総合的に学べる日本型リベラルアーツの再構築を目指す「東京逍遥塾」の活動のひとつの着地点として、将来日本に人材育成も含めたアジア発の人類文化の交流と発展を目指す教育・研究センターとしての「アジア・世界文化研究所」※の創設を検討することが必要ではないでしょうか。

※アジア・世界文化研究所の構想について

1　欧州においては、Brexit（英国の離脱）など政治経済できしむＥＵや、あらたな東西対立の兆しもあるＮＡＴＯの存在とは別に、欧州評議会（Council of Europe）が、法の支配や人権、文化的協力や共通教育の面で、問題の英国、トルコ、ロシア、東欧などを含む四十七ヶ国をメンバーとして維持しながら、重層的に存在していることは、欧州のゆるやかな統合を求める重石として、その意味は極めて大きいと考えられる。

2　フランス・ストラスブールに本部を置き、ギリシャをメンバー国として位置づける欧州評議会は、その思想的組織基盤を支える古代ギリシャ文化の存在がキーファクターのようにも考えられる。

3　一方、日中韓には三国協力国際フォーラムがあるが、各国の外務当局が事務局を形成しているため、表層的な外交問題（国益の対立）の影響を受けがちになっていないか。文学・哲学・

古典・美術・芸術などの文化・社会・生活の分野を中心に、人類社会の共存共栄をテーマとする、長期的に息の長い三国関係の重石になる組織としては、各国の学生を含む若い世代が交流・参加する、民間組織（大学、学界、産業界）が主体となることが求められるのではないか。「東京逍遥塾」で推奨する日本における和・漢・印・洋の古典研究や、三国協力国際フォーラムですすめられてきた日中韓共通漢字プロジェクト、人材育成なども視野に入れて、「アジア・世界文化研究所（仮称）」のような国際機関が設置されることが期待される。

◆日本型リベラルアーツの推進を

世界は文明崩壊のリスクを高めつつあり、今後の人類は人間のあり方を極める「統合智」を発揮して、ＡＩの力を道具として使って危機を克服する必要があります。そのために統合智をもたらすリベラルアーツ教育がますます重要となっており、世界ではその方向への改革が進みつつありますが、日本ではこのような潮流に大きく遅れています。

とくに官民のリーダー層には、専門人材に加えていわゆる「人物」が必要となり、「日本のこころ」を体現したリーダー養成は喫緊の課題と考えられます。

そのためにも教育改革の方向として、デジタル×AIのための理系教育にとどまらず、日本型リベラルアーツ教育の再構築が待ったなしの状況にあります。世界は、明らかにこれまでとは違った価値観、生き方が求められる時代への転換期に入ることになると思われます。

当面必要なことは、次世代が過去を学び、その土台の上に新しい時代に立ち向かう、確固とした構想（ビジョン）を構築する環境を整備することです。

日本型リベラルアーツとは

専門智に対して統合智を追求するという意味では、ギリシャ哲学に由来する欧米のリベラルアーツ（自由で能動的市民となるための基礎的教養）に対応するものですが、日本の長い歴史の中で蓄積されてきた教育・研究のシステムとして、次のような要素を組み込む必要があるという意味で、敢えて「日本型」と冠しました。

①欧米のリベラルアーツ教育のようにエリート育成を目指した高等教育中心のものではなく、初等中等教育段階からすべての国民が学んでいくべきもの。いつの時代も国民の間に知的格差が少なく、次々とリーダーが国民各層の中から周流して育つ社会構造をもっていることを大事にしていくことが重要です。

②教育の内容としては、歴史、古典、文学、芸能、美術、音楽など様々に及びますが、「日本のこ

ころ」の諸要素を確認できるようなものであることが必要です。

③学ぶべき対象も、知識や論理だけでなく、感性、直観、身体的理解（身体智）も重視。具体的には座学の授業よりも対話と体験を重視し、清掃、礼儀作法や芸能、武道の型のように、身体的理解から入ることも重要です。教育手法も、学ぶ側の関心による主体的な学びを同一学年世代だけでなく、年齢混合で多世代縦断型のフラットな関係を重視することが必要です。

日本型リベラルアーツの再構築の具体的な姿

①日本の大学、高等教育において、専門課程の前段階のリベラルアーツ教育について一層の拡充が必要であると同時に、むしろより重要で急ぐ課題は、幼児、初等中等教育段階からの、身体性、感性、直観を重視した組織的、体系的なリベラルアーツ教育の導入だと考えます。

②変化が遅い国公立の公教育の改革の前に、私立学校、さらには私塾において改革を進め、江戸期の寺子屋や藩校のように全人教育を行う機会の整備が望まれます（公教育のアフタースクールの活用も含めて）。

③私塾については、現在数多ある受験で求められる専門知識や論理習得が中心の「進学塾」に対して、これとまったく異なるアプローチをする「統合智を確立し、人間力を極め、自由で責任ある人格の養成をめざす」私塾としての「日本型リベラルアーツ塾」（仮称として「自啓共創

塾」《略して啓創塾》）を推進する必要があるのではないでしょうか。

④準備中の当センター主催の次期、自啓共創塾は小さな最初のステップです。その教材の普及、講師、カタリスト（場をリードできる触媒役）の養成を通じて、企業人材研修や教育機関、いろいろな私塾などとの連携もすすみ、早期に「リベラルアーツ塾」（「啓創塾」、⑤の「親子啓創塾」も含む）の全国的な展開が期待できないかと考えます。

⑤Co-musubi（一社ダイアローグ・ラーニング）は、「日本型リベラルアーツを学ぶ親子塾」のさきがけであり、オンラインでの生徒、親、教師がともに学ぶ家庭をプラットフォームとする新しい社会教育のカタチ（「親子啓創塾」）です。今後、講師やカタリストの養成を通じて、その全国展開の支援がなされることが期待されます。

〈補足〉「啓創塾」と「進学塾」の教育手法の違い

啓創塾	進学塾
年齢混合、多世代縦断のフラットな関係重視	教師＋同年代生徒だけ
手法は自然や現実社会、個人の状況からの帰納	教師、教科書からの演繹
主体的かつ多方面に広がる学び	教師による教壇からの授業
対話と体感の重視	座学中心
学ぶのは統合智	専門智の重視
感性、直観、身体性と知性の融合	知識と論理の重視
総合的な人間力重視	専門分野の能力重視
過去の社会の智恵（不易）の上に新知識（流行）を学ぶ	現代知識が中心
全体最適の利他的価値観も重視	自己利益、金銭価値重視の価値観に陥る

XIV章　人工知能（ＡＩ）の時代と人間力

〈視点〉

人工知能（ＡＩ）は人間を超えるのではないかという不安が囁かれたことがあります。事実、職場が機械に代替され、産業構造には大きな変化が起きつつあります。しかし、社会変革、産業構造変化はあっても、人間のこころは生命現象であり、機械学習では乗り越えることができないものがあるとの考えが一般化しつつあります。

人間の頭脳には、知識の記憶と計算だけでなく、そこから新しい価値を生み出す感性、創造力が備わっています。人間は脳の神経系統のネットワークだけでは説明しきれない無限の力を持っていると言われますが、どういうことなのでしょうか？

人工知能は、知識や論理で構築された人間の知能のフレーム（構造）です。しかし、人工知能は、人類にとってまったく新しい価値を生み出す創造性を持ち合わせているのでしょうか？人間の教育でも、ロゴス（論理）だけの国は亡びる、知識や論理だけ教えても「創造性」は育たず、歪な才能の人間になるという警告が出されています。それはなぜなのでしょうか？そして日本だけでなく、世界の教育に同じような弊害が出ているという指摘があります。「学校教育は創造性を殺してしまっている」という英国教育思想家ケン・ロビンソンの警告について考えてみましょう。

戦後昭和四十年代の学生紛争の時代に、世界的な数学者の岡潔《おかきよし》は、幼児・初中教育の段階の

「真我」の目覚めの過程が、日本の教育で失われてしまったと嘆き、当時の文部大臣あてに提言書を提出しました。幼児期からの両親や教師の愛情の重要性を説き、幼児期に頭頂葉に情緒の火をともす情操教育が必要で、知覚、記憶、機械的判断ばかりを強化する学校教育や進学塾教育を見直すべきと主張しました。その要点を見てみましょう。

この章では、これまで見て来た「日本のこころ」の源流を、脳の構造、こころの構造として再点検しています。

「真我」とは？　「魂」とは？　「本能」とは？　「感性」とは？　「知性」とは？　それぞれ人間のこころを構成する要素ですが、どういうもので、どのようにこころを構成しているのかを考えてみましょう。

最後に、最先端の開発者の言葉を借りて、人工知能を作り出す過程における、人工知能と人間、社会、世界との関係を考えてみましょう。物（個）からこころ（全体）へ積み上げていく西洋的な構築主義と、全体（こころ）から個（物）へと下りていく東洋的な考えを対比し、これまで構築主義で作られてきた人工知能に新たな息吹を与える開発の次のステップに、「日本のこころ」が関係することが示されました。それはどういうことでしょうか？

そこから、これからの世界に価値創造をもたらす「日本のこころ」への期待が浮かび上がります。

◆人工知能(AI)は人間を超えられない

人工知能が人間の能力を超える時点であるシンギュラリティ（技術的特異点）が近づいているという近未来予測は、人々のこころに不安の影を投げかけています。

人工知能の専門家である松尾豊氏は、著書の中で「人工知能が開く世界は、決してバラ色の未来でもないし、決して暗黒の未来でもない。人工知能の技術は着々と進展し、少しずつ世界を豊かにしていく。人間は知能の他に生命とこころを有している。知能を作ることが出来ても、生命を作ることは非常に難しい。人間のこころと同等以上のこころを持つ人工知能を作ることも難しい。しかし、人工知能は『特徴表現学習』（ディープ・ラーニング）により、多くの分野で人間を超えるかもしれない。人工知能が人間を征服する心配はないが、人間の尊厳を犯す可能性はあり、それに対する備えは必要だ。専門家だけでなく社会全体として、人間としての倫理観をもって、技術開発の今後のルールを作りこれに備えて行かなければならない」と解説しています。（松尾豊著『人工知能は人間を超えるか』KADOKAWAより）

禅の哲理である「色即是空」の視点から見ると、「色」は実在する（有る）現実という枠の中の世界であって、「色」（有）の世界の産物である人工知能は、与えられた枠の中の外にある「空」

（無）の世界は理解できないのではないかと思います。したがって、その発達、計算速度がいかに上昇しても、人間のこころを超えることは、将来においても困難でしょう。

（参考文献：『マンガでわかる禅の智恵』日本能率協会マネジメントセンター）

ただ、東洋哲学の混沌の世界から智の本質に迫るアプローチは、人工知能がその過程を学習するプロセスを踏むことによって、人間と人工知能の関係をさらに一段と進化させることになるかもしれません。

（参考文献：三宅陽一郎著『人工知能のための哲学塾　東洋哲学篇』ビー・エヌ・エヌ新社）

◆ロゴスだけの国は亡びる

最近、世界の教育界が注目しているのは、英国の教育思想家ケン・ロビンソンの警告です。同氏は、学校教育が標準化されすぎ、子どもたちの「創造性を殺してしまっている」と主張し、世界の教育界に大きな影響を与え始めています。世界中の教育関係者が着目して、欧米諸国に限らず第三世界、例えばシンガポールなどでも、いち早くロビンソンのアドバイスで、若者の声をバックにした改革が進んでいると聞きます。未だに明治以来の学校教育制度の殻を破れない日本は、その教育の優れた面を残しながらも、ＡＩ時代の人材の資質に不可欠である「創造性」を育てるという一点で、世界の潮流に完全に遅れているといえないでしょうか。

ロビンソン氏が指摘するのは、学校教育による子どもの脳神経細胞の偏った「刈りこみ」という問題です。同氏の考えを敷衍《ふえん》すると次のようなことがいえます。

人間は少数の強い細胞を育てるだけでなく、赤ん坊の時の豊かな脳細胞のつながりをできるだけ生かし、多様な脳細胞の並行的な育成が必要です。そのつながりのおかげで脳のあらゆる部位はシステムとして同時に働いているからです。生まれたばかりの赤ん坊の脳の各神経細胞のつながりは、成長とともに刈りこみが行われ、少数の強いものだけが残ります。成人（十代）の脳になると、脳神経のつながりは赤ん坊の時の二十分の一（五％）まで刈りこまれてしまい、生きていくために必要な神経だけが強く残ることになっています。

とくに近年、世界の教育界において、例えばＰＩＳＡ（学習到達度調査）ランキングや、国内外での統一テスト（日本では大学入学共通テスト）で、教育の目標や価値基準が標準化され、それに従って学科ごとの教育プログラムが組まれることとなった結果、子どもたちの脳神経細胞は、テストに強い論理脳の発達に偏った構造になっています。学校での学習が、座学とペーパーテストだけでしか行われないと、運動神経や、感性、直観力などを発揮させる細胞のつながりが発達せず、人間能力は歪《いびつ》になる。ＯＥＣＤではＰＩＳＡテストという形で、学生・生徒の能力判定の標準化が進んでおり、その影響で世界的に学校教育において歪な人間を育てる弊害が出てきているのではないでしょうか。

スウェーデンにおいては、座学偏重の教育では新しい価値を創造するイノベーターは育たないとの考えから、アウトドア教育が必須だとし、野外でのイノベーター育成プログラムを幼児教育段階から導入しています。

（参考文献：ケン・ロビンソン著『パワー・オブ・クリエイティビティ』日経ＢＰ）

「歴史を創るのはロゴス（論理）ではなく、パトス（情念）やエロス（愛）である」というギリシャのことわざがあります。ロゴスだけの国は滅びるという趣旨でしょう。論理だけを教える教育でなく、音楽や絵画の鑑賞、天文や自然、宗教や哲学をも考える、幅広いリベラルアーツ教育が必要だということでしょう。

◆頭頂葉に情緒の素を育てる

人間の脳は、一・二〜一・四kgとノートパソコン程度の重さで、体重の二%です。千数百億個の細胞からなり、消費エネルギーは二〇W、血中酸素の二〇%は脳で使用されるそうです。

脳の構造は、①反射脳（脳幹、小脳）②情動脳（大脳縁辺系）③人間脳・論理脳（大脳皮質）からなりますが、神経細胞が張り巡らされ、あらゆる構造がシステムとして同時に働いています。「情動」は無意識の行動であり、意識した結果としての「感情」とは異なります。

意思決定も、無意識の内になされる決定（システムⅠ型意思決定）と、意識された（論理や理性を踏まえた）決定（システムⅡ型意思決定）がありますが、前者は後者より五倍以上速いスピードでなされるようです。

無意識でなされる意思決定には、悪魔のバイアス（天使の自分、評論家の自分とは異なった悪魔の自分による）がかかることがあるので、注意が必要です。脳の使用可能エネルギーは、極めて少ないので、脳は飽きやすく、疲れやすく、直ぐ眠くなります。脳を休ませる、省エネ型で使うことが極めて重要で、睡眠や坐禅（マインドフルネス）はリフレッシュのために極めて重要です。

以上は、元ＮＴＴデータ経営研究所・萩原一平氏のお話を参考に記述した脳の機能の基礎知識です。（萩原一平著『思考と行動が早くなる仕事脳の使い方』日本能率協会マネジメントセンターより）

世界的な数学者、岡潔（一九〇一～一九七八）は、「真我」への目覚めのために、教育におい

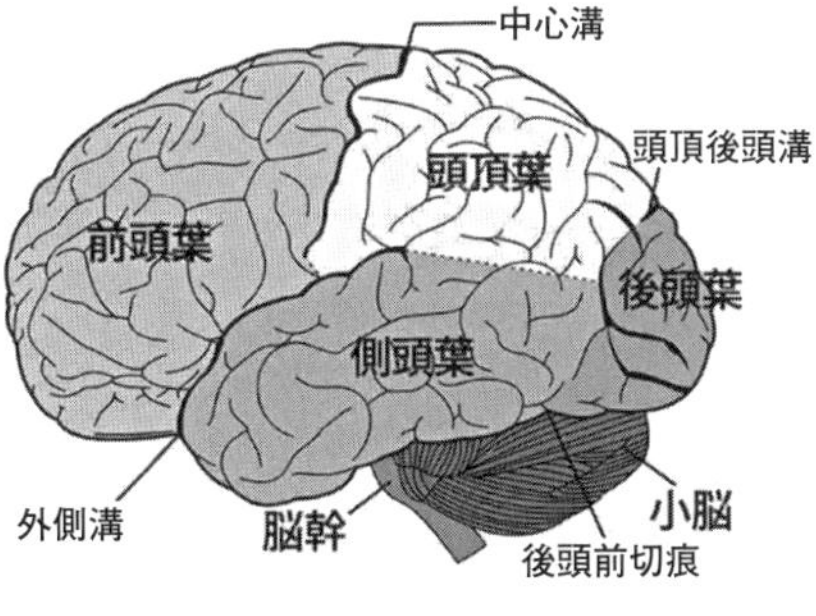

岡潔

て、東洋的な情操・情緒を大切にすることで「分別智と無差別智の働きによる（総合的な）智」を身に着けるべきだと提唱しました。さらに「現代日本は自他弁別本能・理性主義・合理主義・物質主義などにより汚染されている」と警鐘を鳴らし、「これを『無明』と位置づけ、心の彩りを神《かみ》代《よ》調《ちょう》に戻し生命の喜びを感じること」で克服すべきと主張しました。

岡潔は、大脳生理学の視点から、とくに脳の機能を次のように位置づけています。

大脳「前頭葉」は、人間の活動を支える知識（情緒・感性を含む）が蓄えられるところで、その発育は十歳以後から本格化します。その前頭葉に蓄えられる知識に、情緒のエキス（素）を供給するのが「頭頂葉」の火であり、そのエキス（情緒の素）は、童心の季節（生後三ヶ月）にでき始め、小学六年生（中三まで延長できる）が本格的な「情緒の芽生えの季節」になります。吉田松陰《よしだしょういん》は、この時期に自分の烈々たる気迫を弟子たちの頭頂葉に植え付けることに成功しました。

頭頂葉の火（こころの奥底にある第九識《唯識では第八識の阿頼耶識《あらやしき》》）は、仏教では「無差別智」といいます。

一方、三年保育の幼児教育の時代が「自我発現の季節」となります。この時期は、前頭葉が形成されるとともに、頭頂葉も発達します。本能（情動脳）は小我を意識し、頭頂葉は真我を意識します。この時期には、本能を抑止する訓練（しつけ）も必要ですが、真我を育てる親の愛情が不可欠です。「側頭葉」は知覚、記憶、機械的判断を司ります。学習塾による機械的な知識の提供だけでは、側頭葉の機械的判断ばかり強化され、「昆虫のような人間」を育てることになりかねません。いずれにせよ、子どもに接する教師や親の子どもへの愛情と導きが極めて重要です。

以上、岡潔の「教育の原理」（一九六八年文部大臣あての提言書）の一部分を引用しつつ、要点を記述してみました。

◆人工知能（ＡＩ）と「日本のこころ」

「日本のこころ」については、これまで見たように、独特の風土と恵まれた環境の中で長い歴史を経て形成されてきたアニミズムの要素をもつ古神道を基底に、仏教や儒教のエッセンスを取り込み（さらに近代以降は西洋思想も）、形成されてきたと考えられます。

岡潔は、明治までの人は仏教的自然の中で、肉体ではなく、こころが自分だと考え、そのこころも「小我」ではなく「真我（大我）」に高める努力をしていたと述べています。「日本のこころ」にある「真我」は、人間のこころの中心にあり、素晴らしい真・善・美の世界であり、万物を万物たらしめている「宇宙のこころ」と同じ存在だといえますが、これは儒教でいう「良知」、アリストテレスのいう「ヌース」、アニミズムや世界各地の宗教に伝わる「霊性」とつながるもので、人類普遍的なものです。

「真我」「魂」の外側に、「本能」「感性」「知性」が同心円状に層をなして、人間のこころを形成しています。

①真我　こころの中心
②魂　真我が現世での経験や業をまとったもの
③本能　生命維持のための欲望
④感性　五感や感情
⑤知性　知識や論理

「魂」は、「真我」が現世での経験や業をまとったものです。それぞれの「魂」が経験してきた

思いや行い、意識や体験がすべて蓄積されていて、現世での自分がなしてきた諸々の思念や行為もそこに付加されています。

「真我」「魂」の外側に、「本能」、「感性」、「知性」が同心円状に層をなして、人間のこころを形成しています。

以上は、京セラ名誉会長・稲盛和夫氏の人間のこころに関する説明です。（稲盛和夫著『生き方』サンマーク出版）

人間一般の定めで、「小我」が業として働くことにも留意が必要です。

ただ、「魂」に付加された「業」には、真我の光をさらに輝かすものもあり、日本の風土や自然、歴史の中で育まれた「日本のこころ（魂）」は、日本的霊性をベースに神・仏・儒を習合し、真我を日本ならではの姿で（日本の文化その他の形で）現実の世界に顕現させる力を秘めているのではないかと考えます。

人工知能は、人工的に作り上げられた知の構造（フレーム）を持っており、それに縛られてそこから抜け出すことができません。それを抜け出すのが例えば禅で、東洋の知能モデルです。西洋は個から全体へ、物から精神へと積み上げる構築主義で世界を把握しますが、東洋では混沌（荘子）、タオ（道教）、空（禅）、阿頼耶識（仏教）などの世界をまず把握し、そこから部分（個）に下りていくように智が働きます。

三宅陽一郎氏（デジタルゲームのAI開発者）は、「知能は社会の中で形成されるもの」であり、そこには人間の社会とのかかわり、自己と他者、世界とのかかわりをどう捉えるかで、西洋哲学と東洋哲学の対比が必要であるとし、人工知能は、西洋的な構築主義で開発されたため自己完結的な構造（フレーム＝限界）をもつが、そこから解放された真の世界に近づくためには、世界と深く溶け合い、そこから個別の智に下りていく東洋的な智のステップを踏むことが必要ではないかと言います。それにより人工知能は、今後とも人間を超えられないものの、さらに人間に大きく近づくことは可能であり、次の時代には東洋哲学が人工知能に新たな息吹をもたらすことが可能であるとしています。（三宅陽一郎著『人工知能のための哲学塾　東洋哲学篇』ビー・エヌ・エヌ新社）

東洋と西洋の智恵を併せ持つ「日本のこころ」は、次の時代の人工知能の開発に息吹をもたらすとともに、国内外のいろいろな局面で、世界が期待する新たな価値創造に貢献していくことが期待されます。

前章でみた、西洋発のリベラルアーツが、「日本型リベラルアーツ」として新たな展開を見せつつあります。

日本の教育問題も、従来型の構築主義で硬直化した体系を一擲し、まず世界、社会の側から全体把握を行った上で、大改革をすすめる道が不可欠になると考えられます。

XV章

これからの世界・社会に立ち向かう日本の夢（ビジョン）

〈視点〉

世界中が自国ファーストを夢として掲げ、軍事・経済などの力の覇権の追求に奔走し始めています。人類はこれらの夢を超克する新しい世界ビジョンを考える時期にきていますが、提示されるべき日本の夢（ビジョン）はどのようなものなのでしょうか?

グローバリズムとナショナリズムの対立、宗教の相違による対立、一国覇権主義と多国間主義の相克、経済における自由と管理・規制のバランスの喪失、富の集中と格差の拡大などで混乱する世界に、世界や日本の歴史、祖先の残した智恵を踏まえ、私たちはどのような夢（ビジョン）を提示することができるのでしょうか。

世界情勢の緊迫で、亡国のリスクを避け日本が生き延びることは、必要不可欠の選択でしょう。日本はしかし、本来の性善説に根ざす人間観・世界観を骨格に据え、性善・性悪の間でバランスのとれた「日本のこころ」を基礎においた独自の国家ビジョンを保持する必要があります。

生命体の人間にとって、自己の生存と発展は本能的に正しい目標です。その場合、性悪説の人間観では、自己利益のみを最大限に追求することになりますが、一方で、性善説の人間観では、私益よりも公益を、自己愛よりも博愛を、国益とともに地球益を追求する力が強くなります。

「日本のこころ」は、長い歴史を経て、性悪説に偏り過ぎることなく、性善説を適正に位置づけるバランスのとれた人間観・世界観として熟成されてきたといえます。「日本のこころ」の性善説に根ざす人間観は、中国やインド、さらにはギリシャ哲学や精霊信仰など、西欧にも古代からある汎神論的思想にもつながる人類的普遍性を有するものもあります。

日本の新しい世代がこのような「日本のこころ」を土台とし、将来の地球・人類を救う新構想のビジョンを、日本の夢として新たに構築し、打ち出していくべき時期にきているのではないでしょうか。

新構想のビジョンは、新時代を担う人たちにより、単なる作文ではなく、具体的な実践を伴う提案として構想され、行動となり、内外に示される必要があります。日本の国民にとっては、勇気をもって生きる力をあたえるもの、世界のためには、ともに歩む人類社会のより良い姿として共有できる価値と目指すべき方向を示すものでなければなりません。

以下、これまで見てきた「日本のこころ」の源流を再確認し、その世界に果たす役割とあり方を考え、あらためて自己とは何か、世界とは何かを、多面的な座標軸で見つめ直し、日本発の新構想のビジョンを考えてみましょう。

◆「日本のこころ」の源流の再確認とその世界に果たす役割

コロナ後の世界のメガトレンドは、政治経済の面でも、技術トレンドの面でも、また、地球環境の面でも、時代を画する変革によりその構造が一新することが必至と思われます。世界から日本への期待が高まっている中で、最も対応に逡巡しているのが私たち日本人自身ではないかと考えます。若い世代の生きる自信の源となる自己肯定感は低いままです。

「不易と流行」と言われるように、根無し草のように「流行」を追うのではなく、自らの伝統（不易）の要素を再確認し、確信をもって、その上に新潮流（流行）を把握して、確固とした「創造」につなげていくことが必要です。

今後、私たちは「日本のこころ」の源流にある以下のような諸要素を再確認するとともに、その基礎の上に、コロナ後の世界に向けた日本発の構想（ビジョン）の共創とその具現化に向けて、世代を超えた対話と学びの過程を通じて、さらに歩を進めていくことが必要と考えます。

日本のこころ

日本人は、独特の風土と恵まれた自然環境の中で、長い古代文明の時期（縄文期）を経て、豊かな精神文化（日本的霊性）を育んできました。それは世界に遍在するアニミズムの要素をもつ古神道となり、その上に仏教や儒教のエッセンスが習合し（取り入れられ）、自然観と美意識が豊かな「日本のこころ」を形成するものとなったと考えられます。

（「日本のこころ」は、さらに近現代にかけて西洋思想も取り入れ〈習合し〉、進化しつつあると考えられます）

その特徴

人間のこころには、生命体としての生存本能や強い自己愛に向かう要素があると同時に、一方では他者や自然や環境全体を大事に思う利他心（慈悲心）も併せ備わっています。「日本のこころ」は、歴史上、前者が勝ち過ぎた対外戦争の一時期があったとしても、本来的には、後者の要素を強く持っており、利己心（小我）を超えて真・善・美（大我、真我）を希求し、世界・人類の全体最適を願うものであると考えられます。

世界の危機に果たす役割

世界では、経済的、軍事的な覇権を求める動きが強くなっており、個人としても自己益の追求を第一とする考えが目立ち、社会の分断や格差の拡大、宗教・政治紛争の拡大、地球環境の破壊などの動きが急になっていますが、世界・人類の平和、共存、繁栄のために、全体の価値に常にこころを配る「日本のこころ」が果たす役割は極めて大きいと考えます。

地球環境の保全

自然との共生を重視し、身心や環境の清浄を貴ぶ「日本のこころ」は、「人新世の時代」に破壊されつつある地球環境の保全に向けて、大きな貢献を果たしていく必要があります。

思想・宗教・人種などの諸対立の包摂

諸対立を包摂する力を持つ「日本のこころ」は、世界の文化や政治、経済、宗教、人種等の対立を、破壊ではなく、新しい共栄の方向に導く役割を果たす必要があります。

より良い個人の生き方を求める

日々の生活を大事にする「日本のこころ」は、「今」の時間を大事にし、日々の生活の秩序を整え、豊かにし、幸福なものに変えていく力があります。価値創造につながる新しい人間の働き方、生活の仕方の提案、生活の中で異質なものを共存させていく智恵の発揮などが期待されます。剣道、弓道、合気道などの武道は、勝ち負けを争うスポーツではなく、個々人の生き方を支える武士道精神による人間形成の道となっています。

和の政治

独特の風土と豊かな自然の中で、長い縄文時代を経て形成された、戦いの少ない和の政治は、仏教や儒教の思想も取り込んで聖徳太子の十七条の憲法に見られる律令国家の形となり、その後の武士道に裏打ちされた武家政治を経て、明治維新に到るまで、日本の国内政治の基調となってつながっています。内戦の数は多かったとしても、多くの場合、敗者の生き残りを許し、その遺伝子、伝統、文化は、絶滅することなく、後代に生かされてきています。幕末の大政奉還の過程や明治国家の民主主義や代議制の採用も、西洋文明の影響によるばかりではなく、聖徳太子以来の和の政治の伝統が貫かれてきた結果ともいえます。

和の文化

俳句や和歌などの日本文学、浮世絵などの日本画、彫刻や陶芸品・工芸品、能や文楽、茶の湯などの芸事、和食文化、和様建築などの日本文化は、その裏にある「日本のこころ」の顕現として、世界の文化の多様性に貢献するものといえます。

和の産業・経済

日本の産業・経済を支えるエートスは、士魂（武士道）経営（個の主体性と自己犠牲を厭わない全体価値追求のバランス）、モノづくりの精神、三方良しの商業道徳、ボトムアップの主体的取り組みなどであり、鎌倉時代の宗教改革も影響して、それ以来今日の産業にまでつながっているものがあります。ＳＤＧｓ経営が求められている今日、世界の産業は株主第一主義からすべてのステークホルダー（関係者）への貢献に舵を切り替える必要があり、本来の日本型経営に見られる公益資本主義（公益と私益のバランス）こそ、向かうべき方向ではないでしょうか。

日本語を生かした世界への貢献

大和言葉は（例えばタタミゼ効果に見られるように）「日本のこころ」と一体不可分の言語であり、日本のこころの文化が世界の多様性を支える役割が大きいとするならば、教育や社会の取り組みの中で、日本語の豊かさは伝承され、普及され、保護されなければならないと考えます。

日本語（国語）教育の在り方についても、読まれるべき言葉の伝承が重要であり、話し言葉の音を書きあらわした書き言葉中心（「表音主義」重視）の戦後教育を大きく改め、「読む国語」、日本近代文学などを読みつぎ、文化を読みつぐ国語教育の重視が必要ではないでしょうか。同時に世界とのコミュニケーションのために日本人が世界語（英語）を学ぶ必要性が拡大していますが、他方でグローバルな日本語の存在意義はますます高まっており、外国人にとって学びやすい日本語教育のあり方もさらに改善が求められます。

日本型リベラルアーツの再構築に向けて

世界は文明崩壊のリスクを高めつつあり、今後の人類は人間のあり方を極める「統合智」を発揮して、ＡＩの力を道具として使って危機を克服する必要があります。そのために統合智をもたらすリベラルアーツ教育がますます重要となっており、世界ではその方向への改革が進みつつありますが、日本ではこのような潮流に大きく遅れています。とくに官民のリーダー層には、専門人材に加えていわゆる「人物」が必要となり、「日本のこころ」を体現したリーダー養成は喫緊の課題と考えられます。そのためにも教育改革の方向として、デジタル×ＡＩのための理系教育にとどまらず、日本型リベラルアーツ教育の再構築が待ったなしの状況にあると考えます。

人工知能（ＡＩ）の時代に果たす「日本のこころ」の役割

人工知能（ＡＩ）社会が高度化すればするほど、リベラルアーツ的な人間力がそれに付加されなければなりません。新しい価値を生み出すイノベーションのためには、実践智と感性・直観力を育てる必要があり、東洋哲学や「日本のこころ」が果たす役割は大きいと思われます。日本社会の構成員のすべてにとって、デジタル×ＡＩの時代を幸せで豊かなものにするためにも、日本型リベラルアーツ教育により「日本のこころ」を再確認する学びの過程が必要と考えます。

新構想のビジョンは、新時代を担う人たちにより、単なる作文ではなく、具体的な実践を伴う提案として、構想され、行動となり、内外に示される必要があります。

日本の国民にとっては、勇気をもって生きる力をあたえるもの、世界のためには、ともに歩む人類社会のより良い姿として共有できる価値と、目指すべき方向を示すものでなければなりません。

「日本のこころ」の源流を再確認し、その世界に果たす役割とあり方を考え、あらためて自己とは何か、世界とは何かを、多面的な座標軸で見つめ直し、テーマを定めて日本発の新構想のビジョンを考えてみましょう。

この資料は、令和二年五月～十二月にかけて開催した「世界のための日本のこころ」研究会の審議を経て、アドバイザーのご意見やご示唆をいただいて改訂・作成したものです。
作成分担は、以下の通りです。

監修・執筆　土居征夫
共同執筆　根本英明（世界のための日本のこころセンター共同代表）
　松本亮太（世界のための日本のこころセンター理事）
　神田　淳（元高知工科大学客員教授）
　藤田英樹（電機・電子・情報通信産業経営者連盟専務理事）
　栗原康剛（Japan Pride イニシアチブ発起人）
編集協力　関根真司（オオルリ社代表）

このほか一部下記アドバイザーの方等から協力をいただきました。
アドバイザー及び主要な研究会委員（順不同）
荒木　勝（岡山大学名誉教授）／田村哲夫（渋谷教育学園理事長）／尾崎　哲（野村証券顧問）／近藤誠一（TAKUMI Art du Japon 代表理事）／古田英明（縄文アソシエイツ会長）／施　光恒（九州大学大学院教授）／月尾嘉男（東京大学名誉教授）／藤井卓也（下中記念財団理事長）／水田宗子（国際メディア・女性文化研究所理事長）／Silversnow（マンガ画家）／天明　茂（宮城大学名誉教授）／降籏洋平（日本信号会長）／原　丈人（アライアンスフォーラム財団会長）／難波征男（福岡女学院大学名誉教授）／中谷幸俊／大久保公人／天野定功／清水一巳／進　護／村田恒子／一木典子／小山邦彦／川崎一彦／佐藤征夫／加藤春一

掲載写真につきまして出典先をできる限り調べましたが、不明なものもありました。お心当たりの方はかまくら春秋社までご連絡下さい。

土居征夫

（どい・ゆきお）

東京大学法学部卒業後、1965年通商産業省に入省。1974から3年間JETROストックホルム駐在員。通商産業大臣（安倍晋太郎）秘書官、会計課長、資源エネルギー庁石炭部長、中小企業庁次長、生活産業局長を経て1994年退官。その後、商工中金理事、(一社)日タイ経済協力協会理事長、NEC執行役員常務、(一財)企業活力研究所理事長（第一次安倍内閣教育再生会議担当室長代理）、大学特任教授を経て、2019年（一社)世界のための日本のこころセンター代表。

世界のための日本のこころセンター

長い歴史の中で培ってきた日本の「こころの文化」が、今後の日本社会、人類社会を構築していく希望のビジョンにつながるものであることについて、内外各層の人達と学び合い、今後の日本と世界の持続的発展に寄与することを目的として、2019年２月に一般社団法人として発足。以来、研究・情報交流・研修イベントの実施等をすすめ、2021年から日本の次世代リーダー育成基盤の再構築をめざす推進委員会を設置し、モデル事業として自啓共創塾の開講をしつつ、「日本型リベラルアーツ」教育の全国展開の実現を期しています。

世界のための日本のこころ
その源流を探り未来を共創する
～自ら学ぶための15の視点～

監　修　土居征夫
編　　　世界のための日本のこころセンター
発行者　伊藤玄二郎
発行所　かまくら春秋社
鎌倉市小町二―一四―七
電話〇四六七（二五）二八六四
印刷所　ケイアール
令和三年四月三十日　発行

ISBN978-4-7740-0836-3